Dagmar Binder

# Ritterburg und Zauberschwert

Geschichten, Spiel
und Spaß aus der Ritterzeit

Mit Bildern von
Silvio Neuendorf

Patmos

## Ritter Artus wird König

## Auf zum Turnier



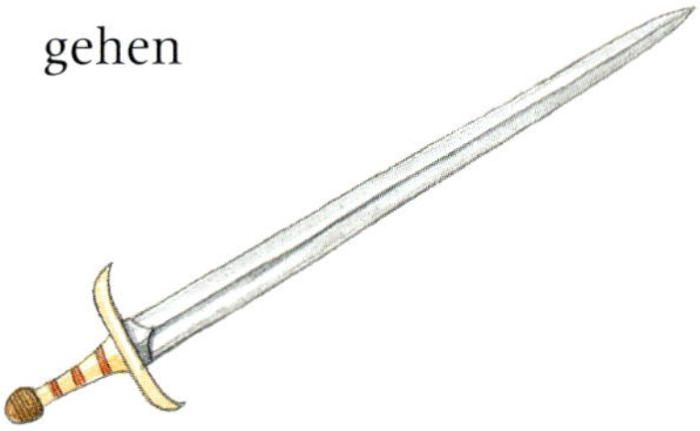

## Sturm auf die Burg

## Edle Prinzessinnen und stolze Burgfrauen

# Ritter Artus wird König

# Artus und das Schwert im Stein

**Vor langer Zeit lebte in Britannien König Artus, der edle Ritter und mutige Heerführer. Es gibt viele geheimnisvolle Geschichten über ihn und seine Heldentaten. Eine davon ist die von Artus und seinem Zauberschwert Excalibur …**

Als der alte König Uther starb, hinterließ er keinen Sohn. Niemand wusste, wer der neue König sein sollte. Angst und Elend breiteten sich im Land aus, wie dunkle Wolken vor einem Gewitter. Banditen bedrohten die Menschen und an den Grenzen des Reiches lauerten mächtige Feinde. Ohne König gab es keine Ordnung und kein Gesetz. Britannien schien dem Untergang geweiht.

In dieser schlimmen Zeit kam eine einsame Gestalt aus der Finsternis des Waldes – Merlin, der Zauberer. Merlin war so alt wie das Land. Keiner wusste, wann er geboren war und wie viele Menschenleben er schon gelebt hatte. Merlin kannte die Vergangenheit und konnte in die Zukunft sehen. Jetzt sah er eine Zeit voraus, voll Ruhm und Glanz, mit einem großen, neuen König. »Der edle Artus soll König von Britannien werden«, so dachte Merlin und ersann einen klugen Plan.

Als Merlin, der Zauberer am Abend das Stadttor von Londinium – so hieß damals die Stadt London – erreichte, da wimmelte es nur so von Rittern. Der Erzbischof von Canterbury hatte zum Ritterturnier geladen. Ein ritterlicher Wettkampf sollte über den neuen König entscheiden. Ritter aus allen Teilen des Landes waren der Einladung gefolgt und wollten um die Krone Britanniens kämpfen. Merlin schaute sich derweil in der Stadt um und traf seine Vorbereitungen. Morgen sollte ein denkwürdiger Tag werden …

Am nächsten Morgen, schon bei Sonnenaufgang, lag auf dem Platz vor der Kathedrale ein riesiger Steinbrocken.

In diesem steckte ein prächtiges Schwert. Das Schwert glitzerte und funkelte in der Morgensonne und war gar prächtig anzuschaun. In den Stein aber war eine Botschaft eingemeißelt. Dort stand zu lesen: »Wer dieses Schwert herauszieht, soll der rechtmäßige König Britanniens sein!« Kaum hatte sich die Nachricht vom Schwert im Stein in der Stadt verbreitet, da eilten die Ritter herbei. Alle fragten sich, wie der merkwürdige Stein dahin gekommen sei. Nur Merlin, der Zauberer, wusste die Antwort, aber Merlin schwieg.

Schon trat der erste Ritter aus der Menge, schritt zum Stein und ergriff das Schwert. Insgeheim hoffte er, so der neue König zu werden, und prahlte vor der Menge: »Mit einem Ruck ziehe ich es heraus!« Der Ritter spannte seine Muskeln und zog und zog. Sein Gesicht lief vor Anstrengung rot an, der Schweiß trat ihm auf die Stirn, doch die funkelnde Klinge bewegte sich nicht.

Der nächste Ritter versuchte sein Glück. Doch so sehr er zerrte und zog, das Schwert ließ sich auch von ihm nicht herausziehen. Den anderen Rittern, die ihr Glück versuchten, erging es nicht besser. Mancher fluchte vor Zorn: »Du verfluchtes Schwert, ich krieg dich!« Doch alle ihre Mühe war vergebens. Sie mussten aufgeben – alle. Keiner konnte das Schwert herausziehen. So ging der Tag dahin.

Kurz vor Sonnenuntergang kam der junge Artus auf den Platz. Er war nur der Knappe von Ritter Kay und besaß noch kein eigenes Schwert. Sehnsüchtig dachte er: »Ach könnte ich dieses herrliche Schwert nur herausziehen!«

Da hörte er eine leise Stimme, die zu ihm sprach: »Artus, ziehe das Schwert aus dem Stein. Es ist ein Zauberschwert und heißt Excalibur. Mit seiner Hilfe wirst du König von Britannien. Solange du dieses Schwert besitzt, kann dich keiner besiegen!«

Verwirrt ergriff Artus den Knauf des Schwertes. Mühelos ließ es sich von ihm aus dem Stein ziehen. Artus hielt das Schwert in die Höhe. Ein Raunen ging durch die Menge, dann knieten alle nieder und riefen: »Hoch lebe König Artus!«

Zu Pfingsten wurde Artus zum Ritter geschlagen und der Erzbischof von Canterbury krönte ihn in der Kathedrale zum König von Britan-

nien. Das Volk schaute voller Hoffnung zu dem neuen König auf und Artus gelobte: »Ich will ein guter und gerechter König sein!«
König Artus ernannte Merlin, den Zauberer, zu seinem Ratgeber. Und das war ein weiser Entschluss. Der alte Merlin war dem jungen König treu ergeben. Er unterstützte ihn bei allen wichtigen Entscheidungen.
Bald versammelte König Artus die edelsten Ritter des Landes um sich. »Wir werden die Feinde Britanniens das Fürchten lehren«, schwor er und die Ritter bekräftigten seinen Schwur. Gemeinsam zogen sie in den Kampf, um die Feinde Britanniens zu vertreiben.
Sobald Artus das Schwert Excalibur hoch über seinem Kopfe schwang, fuhr den Gegnern der Schreck in die Glieder. Nur der Anführer der Sachsen stürzte sich zornentbrannt auf Artus. Er hatte aber nicht mit Artus' Mut und seinem Zauberschwert gerechnet. Bald musste auch er erkennen, dass er Artus nicht besiegen konnte, und floh.
Artus und seine Ritter verfolgten ihn bis zur Küste, wo die Schiffe der Sachsen lagen. Endlich stachen die Feinde Britanniens, die vergeblich versucht hatten das Land zu erobern, in See und segelten zurück in ihre Heimat.
König Artus aber brachte dem Land Britannien endlich den ersehnten Frieden.

*Dagmar Binder*

# Ritter von der Büchsenburg

***Das wird gebraucht:***
***leere Konservendosen:***
***1 große Dose***
***(z. B. von Obst)***
***1 kleine Dose***
***(z. B. von Mais)***
***Kronkorken***
***Nagel + Hammer***
***Schnur***
***Stoffreste***
***Federn***

Drehe die beiden Konservendosen mit der Öffnung nach unten. Schlage mit Nagel und Hammer in die Mitte der Böden je ein Loch. Ziehe eine Schnur durch die Dosen. Mache einen Knoten im Innern jeder Dose. Mit dem zweiten Knoten wird der Abstand vom Kopf zum Körper festgelegt. Schlage seitlich in die große Dose noch vier Löcher für Arme und Beine.

Ziehe Schnüre durch die Löcher, die im Innern der Dose verknotet werden. Schlage in die Kronkorken auch je ein Loch. Ziehe sie auf die Arm- und Beinschnüre und knote sie fest.

Male der Ritter-Marionette ein Gesicht auf. Befestige einen Umhang aus Stoff und einen Kopfschmuck aus Federn.

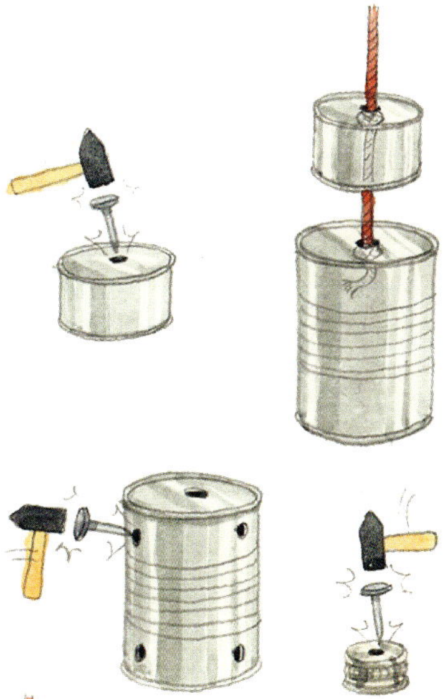

*Mit mehreren Marionetten kannst du die Geschichte von Ritter Artus oder eine eigene Geschichte spielen.*

***Vorhang auf:***
***Hier kommen die edlen Ritter!***

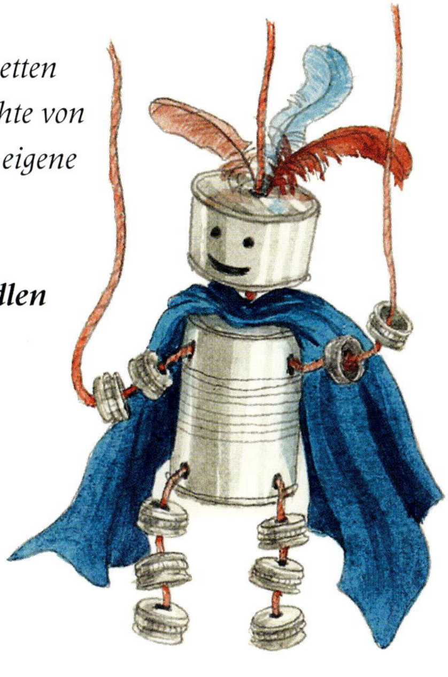

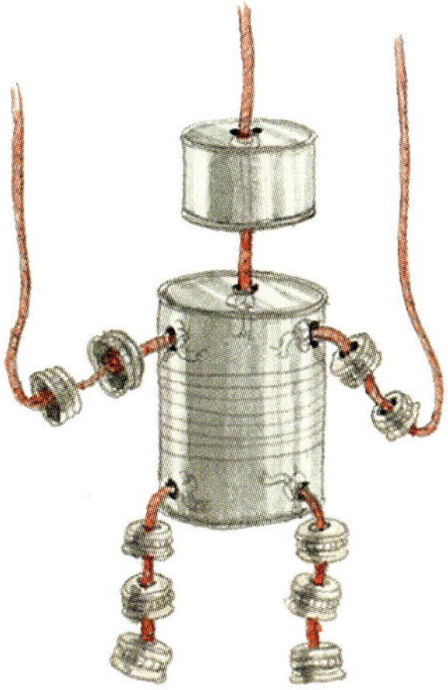

# Eine geheimnisvolle Welt

**König Artus lebte um das Jahr 500 nach Christus. Diese Zeit liegt sehr, sehr lange zurück. Es ist der Anfang des Mittelalters und der Beginn der Ritterzeit. Die ersten großen Burgen wurden gebaut. So wie Camelot, die sagenhafte Burg von König Artus.**

## Artus, der Königssohn

Artus war vermutlich der Sohn von König Uther. Es wird erzählt, dass man ihn gleich nach der Geburt weggab. Merlin hatte das so gewollt, zum Schutz des Kindes. Denn damals wurden viele Königssöhne von Feinden vergiftet.

Artus wuchs also im Geheimen auf, bei einer fremden Familie. Ritter Ector wurde sein Ziehvater. Er erzog Artus gemeinsam mit seinem eigenen Sohn Kay und bildete die beiden zu Rittern aus. Artus und Kay wurden dicke Freunde und Kay der erste Ritter von König Artus' Tafelrunde.

## Excalibur, das Zauberschwert

Das Zauberschwert Excalibur wurde von Zauberschmieden auf der Insel Avalon geschmiedet. Der Besitz von Excalibur machte Artus unbesiegbar. Kein Feind konnte seiner Kraft standhalten.

Zum Schwert gehörte noch eine kunstvoll bestickte Schwerthülle. Auch diese hatte magische Kräfte, sie konnte Wunden schließen und Verletzungen heilen.

## Merlin, der Zauberer

Die Menschen in Britannien waren damals schon zum Christentum bekehrt worden. Trotzdem hielten viele noch an dem alten Naturglauben fest.
Merlin war ein Zauberer und Priester des alten Glaubens. Er konnte in die Zukunft blicken und sie voraussagen. Er besaß magische Kräfte. Man sagte, er könnte Menschen verzaubern und sich selbst verwandeln.

**Schon gewusst?**
Die Ureinwohner Britanniens waren die Kelten. Ihre Priester nannte man Druiden. Die Kelten glaubten an die Macht der Natur und an übernatürliche Kräfte. Hexen und Zauberer spielten in ihrer Vorstellung eine große Rolle.

***Magie und Zauber***
*Blitz und Donner galten als Zeichen der Götter. Wälder waren gefährliche Orte. Nicht nur Räuber sollten hier hausen, sondern auch Drachen und Geister.*

***Die geheime Insel***
*Magische Nebel machen die Insel Avalon unsichtbar. Nur wenige Menschen können die Nebel durchdringen und zu Avalon gelangen.*
*Auf dieser Zauberinsel leben Priesterinnen des alten Glaubens. Sie verehren die große Muttergöttin.*

# Wie man Ritter wurde

**Wenn ein Junge Ritter werden wollte, musste er aus einer vornehmen Familie stammen. Oft besaßen die Eltern eine eigene Burg. Aber zum Rittertum gehörte auch eine lange Ausbildung. Schon mit etwa 7 Jahren verließ der »Ritter-Lehrling« sein Zuhause. Er begann seinen Dienst auf einer fremden Burg.**

## Der Page

Zuerst diente der Junge als Page der Burgherrin. Er half in Küche, Stall und Keller. Der Page musste viel arbeiten. Von der Burgherrin lernte er auch »höflich« zu werden, das bedeutete, dass er sich bei »Hofe« gut benehmen konnte.

Denn ein Ritter sollte:

- beim Essen nicht schmatzen
- sich nicht betrinken
- in den Gottesdienst gehen
- freundlich zu den Menschen sein
- ein Musikinstrument spielen
- schön singen und tanzen
- gut Schach spielen

*Lesen, Schreiben, Rechnen waren für Ritter nicht so wichtig. Das konnten nur die wenigsten.*

## Der Knappe

Mit etwa 14 Jahren wurde der Page zum Knappen. Jetzt diente er dem Ritter. Er half ihm beim Anlegen der Rüstung und hielt die Waffen in Ordnung. Der Knappe lernte vom Ritter das Reiten und Jagen, Schwimmen und Klettern, Fechten und Speerwerfen. Er begleitete seinen Herrn auf die Jagd und auf Turniere. Selbst kämpfen durfte er noch nicht.

## Der Ritterschlag

Wenn der Knappe sich bewährte, konnte er mit etwa 18 Jahren zum Ritter werden. Der Ritterschlag fand meist in der Kirche statt. Der zukünftige Ritter kniete vor seinem Lehrmeister nieder und schwor, immer die Gesetze der Ritterschaft zu befolgen. Der erfahrene Ritter schlug ihm mit der flachen Schwertklinge leicht auf die Schulter. Damit war der Knappe in die Gemeinschaft der Ritter aufgenommen und bekam sein erstes Schwert.

*Nach dem Ritterschlag durfte der junge Ritter seinen Mut und sein Können in einem Turnier beweisen.*

## Schwarze Ritter

Auch bei den Rittern gab es so genannte schwarze Schafe: die Schwarzen Ritter und die Raubritter. Sie hielten die ritterlichen Gebote nicht ein und waren eine Schande für die ganze Ritterschaft. Sie überfielen Reisende und Bauern, aber auch andere Ritter. Sie plünderten, raubten, legten Feuer und verwüsteten alles, was ihnen in die Quere kam.

## Wann lebten die Ritter?

Die Ritter lebten im Mittelalter. So nennt man die Zeit von 500 bis 1500 nach Christus. Die Ritterzeit endete also vor ungefähr 500 Jahren.

## Kein Ritter ohne Pferd

Zu jedem Ritter gehörte auch immer ein Pferd. Denn Ritter waren bewaffnete Reiter, also Kämpfer zu Pferde.
Ein Pferd war zur damaligen Zeit sehr wertvoll, es kostete so viel wie 40 bis 50 Kühe.

## Ritterliche Gebote

Sei treu und beständig,
sei freigebig und demütig,
sei mutig voller Güte,
achte auf dein Benehmen,
sei mächtig zu den Herren,
wohltätig zu den Armen.
Umgebe dich mit Weisen,
fliehe überall die Törichten,
vor allem liebe Gott,
richte weise
gemäß seinem Gebot.

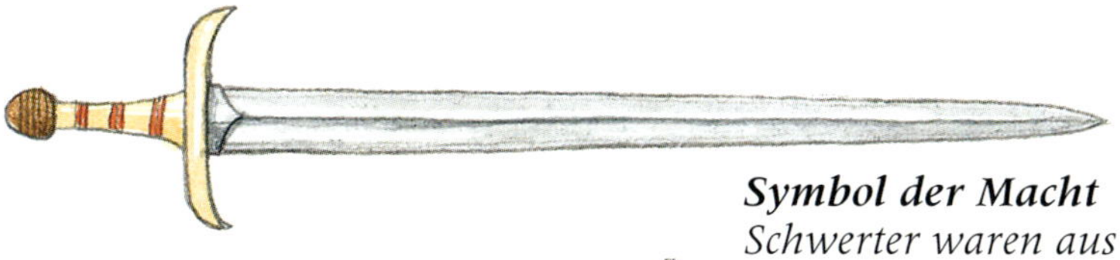

***Symbol der Macht***

*Schwerter waren aus Eisen. Sie hatten eine lange, breite, doppelseitige Klinge und einen verzierten Griff. Nur wenige Menschen konnten sich eine solch kostbare Waffe leisten.*

***Die Waffen der Ritter***

*Lanze und Schwert waren die wichtigsten Waffen der Ritter. Im Nahkampf benutzten sie außerdem Streitkolben und Streitaxt.*
*Zu ihrem Schutz trugen die Ritter schwere Rüstungen und große Schilde.*

# Ritter Klipp von Klapperbach

Text und Melodie:
Fredrik Vahle

2. Und seine Frau Mathilde,
die hatte keine Ruh,
denn um die Burg da klappert's,
da klappert's immerzu.
Sie rief: Klipp, komm zum Essen,
heut gibt es Speck mit Kraut,
doch Klipp hat nichts verstanden,
er klapperte zu laut.
*Refrain:* Klapper, klapper, rumpelpum,
klapper, klapper, rumpelpum.

3. Dann ritt Herr Klipp zum Kampfe
und klappert' fürchterlich
und haute klappernd um sich,
der arge Wüterich.
Da traf ihn eine Lanze
mit einem Riesenkrach.
Er klapperte noch leise,
als er am Boden lag.
*Refrain:* Klapper, klapper, rumpelpum,
klapper, klapper, rumpelpum.

4. Zum Teufel mit der Rüstung!
Das ist doch alles Blech!
So rief der Klapperbach
und warf sie einfach weg.
Dann humpelt' er nach Hause
und wurd' ein Müllersmann
und hört sich abends friedlich
das Mühlradklappern an.
*Refrain:* Klapper, klapper, klippdiklapp,
klapper, klapper, klippdiklapp.

# Auf zum Turnier

# Eine Rüstung voller Überraschungen

Ritter Konrad kam wütend in seine Burg zurück. »Der blöde Ritter Bruno hat mich beleidigt«, erzählte er. »Nächsten Sonntag werde ich mit ihm kämpfen.«
»Sei nicht albern«, meinte Isabell, seine Frau. »Du und kämpfen! Gegen Bruno wirst du haushoch verlieren.«
»Aber er hat ›Mops‹ zu mir gesagt!«, empörte sich Konrad.
»Hach, reg dich doch nicht so auf«, sagte Isabell. »Es ist ja nicht zu übersehen, dass du ein bisschen fett geworden bist. Das kommt davon, wenn man nur noch auf der faulen Haut liegt.«
Beleidigt schmetterte Konrad die Tür hinter sich zu und kletterte hinauf in den Burgturm. In der Turmstube stand ein großer Spiegel. Konrad trat davor und betrachtete sich. In letzter Zeit war er wirklich etwas in die Breite gegangen. Und sonderlich gut in Form war er auch nicht. Alles schwabbelte und beim Treppensteigen geriet er leicht außer Puste. Bruno war leider viel sportlicher. Diesen Sommer hatte er beim Armbrust-Schießen gewonnen und beim Ritter-Weitsprung den zweiten Platz belegt. Aber Konrad hatte ja noch eine ganze Woche, um zu trainieren.
Schon am Montagmorgen fing er mit seinem Sportprogramm an. Er joggte mit nüchternem Magen vier Runden am Burggraben entlang. Beim Frühstück war er so erschöpft, dass er einschlief und Nase und Bart in seine Müslischüssel sanken.
Am Nachmittag übte er mit eisernen Hanteln und boxte eine halbe Stunde lang auf einen aufgehängten Mehlsack ein. Danach war er vor lauter Muskelkater krumm und lahm.
»Ich will dein Gejammer nicht hören«, sagte Isabell streng, während sie ihm ein heißes Bad bereitete. »Du hast dir die Suppe schließlich selbst eingebrockt. Erwachsene Männer, die sich unbedingt prügeln müssen. Lächerlich!«

Konrad grummelte. Seine Gattin nervte. Oh ja, er liebte sie, aber manchmal hätte er sie gern eine Weile ins Verlies gesperrt, nur damit sie mal die Klappe hielt.

Am nächsten Tag hatte Konrad immer noch schlimmen Muskelkater. Er konnte sich kaum rühren. Deswegen machte er nur einen kurzen Spaziergang und verbrachte den Rest des Tages leidend im Bett. Auch am Mittwoch und Donnerstag blieb er faul liegen.

Am Freitagnachmittag verließ er endlich das Bett und wollte mit seinem Training weitermachen. Aber er schaffte nicht einmal drei Liegestütze. Am Samstag begann er langsam nervös zu werden.

»Du kannst den Kampf immer noch absagen«, sagte Isabell.

»Ich bin ein Ritter und kein Waschlappen«, widersprach Konrad. »Ich stehe zu meinem Wort.«

Am Sonntagmorgen war alles für den Kampf vorbereitet. Die Burgbewohner hatten schon früh ihre Plätze eingenommen, um auch ja nichts von dem Spektakel zu verpassen.

Konrad versuchte, sich in seine Festtagsrüstung zu zwängen. Er hatte sie ewig nicht mehr getragen. »Kann es sein, dass die Rüstung geschrumpft ist?«, fragte er Isabell.

»Unsinn, eine Rüstung schrumpft nicht.«

Seine Gattin half ihm, den Helm zu schließen. Dann wünschte sie ihm Hals- und Beinbruch.

Mit quietschenden Scharnieren verließ Konrad die Burg. Die Menge jubelte, als er aus dem Tor kam.

Ritter Bruno erwartete ihn schon in glänzender Rüstung.

»Endlich!«, rief er Konrad entgegen. »Lass uns die Sache wie Männer austragen.«

Konrad spürte, wie seine Knie zu zittern anfingen. Jetzt bereute er das versäumte Training. Vielleicht sollte er den Kampf doch besser absagen.

»Komm schon und lass dich ein bisschen durch die Luft schleudern«, sagte Bruno großspurig.

Konrad machte gerade den Mund auf, um das Ganze abzublasen. Da spürte er, wie etwas Haariges an seinem Bein entlanglief. Eine

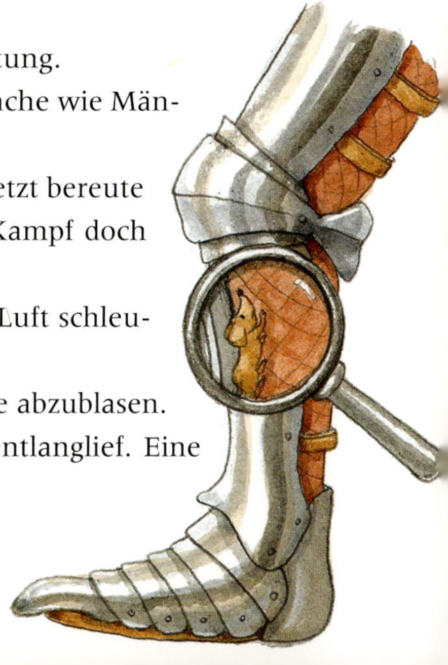

Maus hatte sich in den vergangenen Monaten in der unbenutzten Rüstung eingenistet. Jetzt bekam sie Angst und suchte nach einem Ausgang.
»Hahahihi ...«, machte Konrad. Er war der kitzeligste Mensch der Welt. Wie ein Verrückter sprang er herum und fuchtelte dabei wild.
Bruno knirschte mit den Zähnen. »Freistil ... Na gut, das war zwar nicht abgemacht, aber wie du willst.« Dann stürzte er sich auf Konrad.
Die Maus war inzwischen höher gekrochen. Sie erreichte Konrads Bauchnabel, kletterte an den Brusthaaren nach oben und kuschelte sich in seine rechte Achselhöhle.
»Hihi ... lass das ... hahaha ...«
Konrad drehte sich im Kreis, um den Quälgeist abzuschütteln. Dabei traf er Bruno so heftig mit dem ausgestreckten Arm, dass der Ritter umfiel und auf dem Boden liegen blieb. Die Menge johlte.
»Konrad hat gewonnen, Konrad hat gewonnen«, ertönte es von allen Seiten. »Unser Ritter Konrad ist der Größte!«
Ehe sich Konrad versah, wurde ihm der Helm vom Kopf gerissen und man hängte ihm einen Siegeskranz um den Hals. Da schlüpfte eine kleine graue Maus oben aus seiner Rüstung, sprang mit einem Riesensatz auf den Boden und huschte davon.
Bruno rappelte sich mühsam hoch. »Ich hab dich wohl unterschätzt«, sagte er und streckte Konrad zur Versöhnung die Hand entgegen. »Deine Technik ist unschlagbar. Die musst du mir bei Gelegenheit mal beibringen. Und ich verspreche dir feierlich, dass ich dich nie wieder Mops nennen werde.«

*Marliese Arold*

# Mein Ritterhelm

*Das wird gebraucht:*
*fester Karton*
*Schere*
*Tacker*
*Stopfnadel*
*Kleber*
*Klebestreifen*
*Feder*
*eventuell Farbe*

Ein Stück Karton 25 x 70 cm an der Längsseite auf die Hälfte knicken, wie auf dem Bild zu sehen.

Die Enden übereinander legen und den Ring dem Kopfumfang des Kindes anpassen. Mit einem Tacker verschließen.

Augenschlitze einschneiden und in der Höhe des Mundes und der Ohren Luftlöcher einstechen.

Den Helmteil auf ein zweites Stück Karton von ungefähr 20 x 30 cm Größe stellen und den Umriss mit einem Stift übertragen.

Den Helmdeckel mit 2 cm Randzugabe ausschneiden. Den Rand 2 cm tief zackenförmig einschneiden.

Die Zacken umknicken, mit Kleber einstreichen und die beiden Helmteile aneinander kleben.

Eventuell noch Wölbungen für die Schultern ausschneiden. Den Helm mit einer großen bunten Feder verzieren.

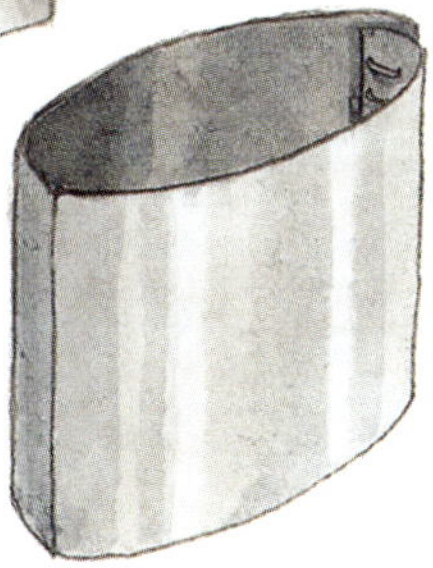

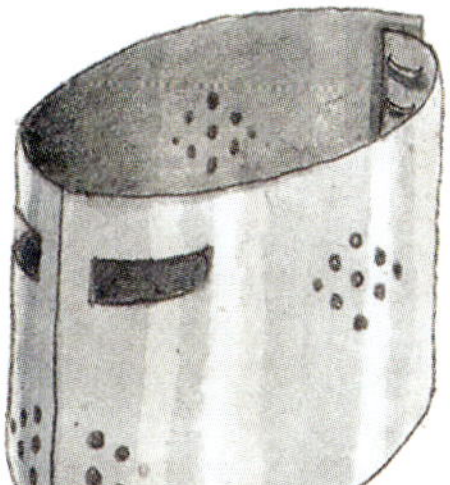

*Du kannst den Helm aus silbernem Fotokarton basteln oder aus einfachem Karton, den du später silbern oder grau anmalst.*

# Das Ritterturnier

**Auch Kämpfen will gelernt sein. In Friedenszeiten veranstalteten die Ritter große Turniere. Das waren sportliche Wettkämpfe, bei denen sie ihre Kampfkünste zeigten und ihre Tapferkeit bewiesen.**

Von weither kamen die Ritter angereist. Sie brachten ihre Familien und Bediensteten mit. Für die Burgbewohner und die Gäste war ein Turnier ein großes Fest. Viele Menschen drängten sich auf dem Turnierplatz. Zelte und Essensstände wurden aufgebaut. Gaukler und Musiker sorgten für gute Stimmung.

## Herolde

Sie kündigten die Teilnehmer des Turniers an und beaufsichtigten, dass alle Regeln eingehalten wurden. Herolde waren so eine Art Schiedsrichter.

## Wappen

In Rüstung waren die Ritter kaum zu unterscheiden, deshalb hatte jeder sein eigenes Wappen. Mit dem Wappen wurden Schild, Helm, Waffenrock und Pferdedecke geschmückt. Als Banner wehte es vom höchsten Turm der Burg oder wurde in den Kampf vorausgetragen.

## Mein eigenes Wappen

Wappen können mit Mustern oder mit Symbolen gestaltet werden. Früher wurden nur die Farben Rot, Blau, Grün, Schwarz und Purpur verwendet. Dazu kamen noch die beiden Metallfarben Gold (Gelb) und Silber (Weiß).

Willst du für dein Wappen nur Muster benutzen? Oder gibt es ein Symbol, das für dich von Bedeutung ist?

Du kannst auch dein Lieblingstier, deine Lieblingsblume oder etwas, das du gerne magst, aufmalen.

Achte darauf, dass du dein Symbol möglichst einfach malst. So kannst du es leicht verkleinern oder vergrößern. Außerdem ist es von weitem besser zu erkennen.

*Benutzt man mehrere Farben, so muss sie immer durch eine Metallfarbe getrennt sein. Ein roter Löwe darf also auf Weiß oder Gelb, aber nicht auf Grün, Blau, Schwarz oder Purpur gemalt werden.*

*Du kannst dein Wappen mit Stofffarbe auf ein T-Shirt malen. Du kannst es in einen Radiergummi oder eine halbe Kartoffel schnitzen und damit Sachen bedrucken.*

# Die ritterliche Rüstung

**Rüstung und Waffen gehörten zum Ritter genauso wie sein Pferd, das Streitross. Die Rüstung trug der Ritter nur bei Turnieren und im Kampf. Beim Anlegen der Rüstung musste der Knappe dem Ritter helfen.**

Ganz zuunterst trug der Ritter dickes, wattiertes Unterzeug. Darüber zog er das Kettenhemd.

Das Kettenhemd aus festem Leinen oder Leder war mit ineinander verflochtenen Eisenringen besetzt. Manche Ritter trugen noch Strümpfe aus dem gleichen Material.

Über das Kettenhemd kam dann die eigentliche Rüstung: der Harnisch. Er war aus Eisen und bestand aus vielen Teilen.

Zuerst wurde das Beinzeug angelegt und am Gürtel festgebunden. Danach kamen Brust- und Rückenpanzer und dann das Armzeug. Wenn der Ritter all die verschiedenen Teile angelegt und auch die schweren Eisenschuhe mit den Sporen nicht vergessen hatte, dann war er fast fertig.

Zum Schluss setzte er noch den Helm auf, klappte erst einmal das Visier hoch, damit er mehr sehen konnte, und ließ sich vom Knappen noch die Eisenhandschuhe überziehen.

Oft war die Rüstung so schwer, dass der Ritter sich kaum bewegen konnte. Mancher musste sogar auf sein Pferd gehoben werden. Stürzte er, so kam er nur schwer wieder hoch.

# Das alles gehörte zur Ritterrüstung:

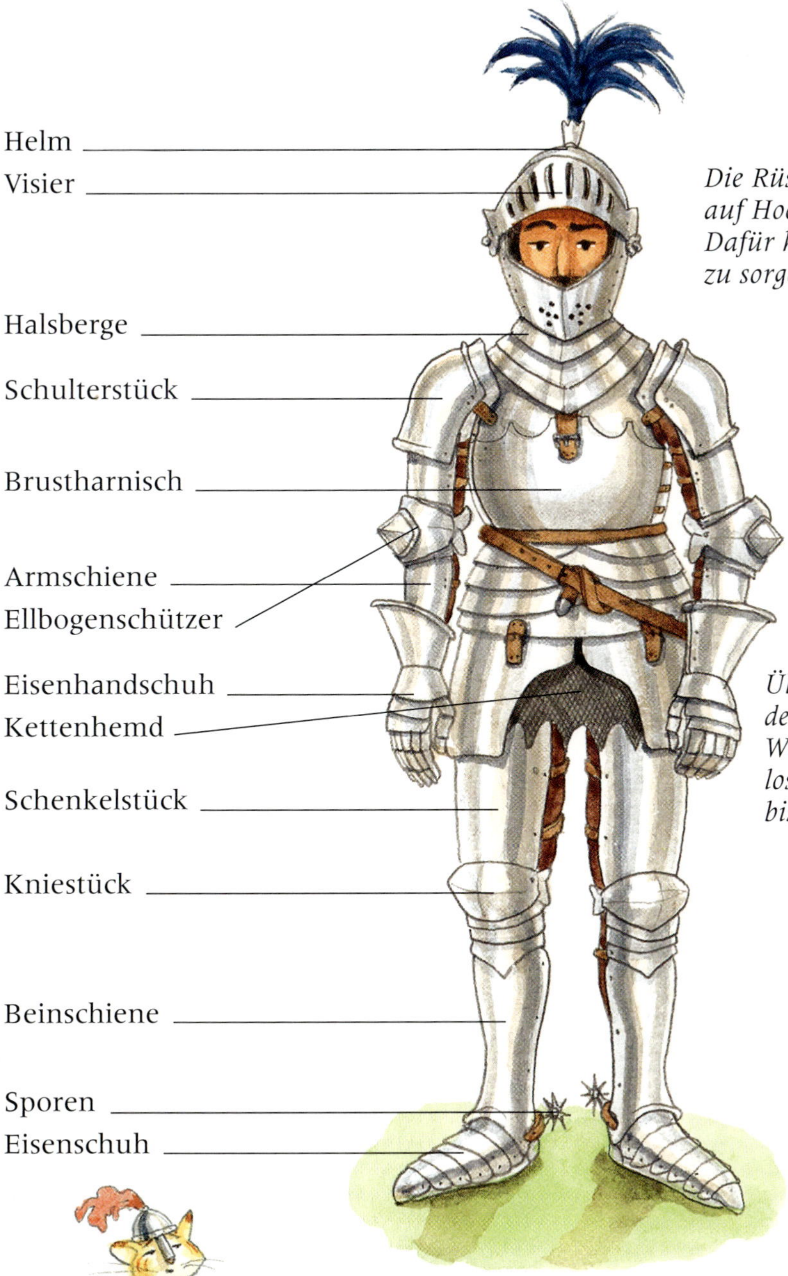


*Die Rüstung war immer auf Hochglanz poliert. Dafür hatte der Knappe zu sorgen.*

*Über der Rüstung trug der Ritter meist den Waffenrock, ein ärmelloses Gewand, das ihm bis zu den Knien reichte.*

*Auf Brust und Rücken war sein Wappen aufgemalt oder eingestickt.*

# Die ritterlichen Wettkämpfe

**In Reiterspielen zeigten die Ritter ihre Geschicklichkeit im Umgang mit Pferden. In unterschiedlichen Wettkämpfen maßen sie Mut, Stärke und Tapferkeit. Bei allen Turnieren wurde mit stumpfen Waffen gekämpft.**

*Für das Turnier waren alle prächtig herausgeputzt: Die Ritter und ihre Pferde.*

## Tjost

Einen Zweikampf zu Pferde nannte man Tjost. Die Ritter galoppierten mit ausgestreckten Lanzen aufeinander zu und versuchten den Gegner aus dem Sattel zu heben. Manche der über drei Meter langen Lanzen zersplitterte dabei am Schild des Gegners. Der Ritter bekam dann von seinem Knappen eine neue Lanze gereicht.

## Buhurt

Der Buhurt war ein Massenkampf, der meist auf den Wiesen vor der Burg ausgetragen wurde. Wie in einer Schlacht kämpften zwei Gruppen von Rittern gegeneinander.

*Wurde ein Ritter im Wettkampf besiegt, verlor er meist Pferd, Rüstung und Waffen an den Sieger. Manche Turniere wurden sogar um den Besitz einer Burg ausgetragen.*

# Sprüche aus der Ritterzeit

**Viele Redewendungen aus der Zeit der Turniere und Ritterkämpfe benutzen wir heute noch. Ihre Bedeutung hat sich unserer heutigen Lebenswelt angepasst. Aber der Sinn blieb meistens erhalten. Kennst du einige davon?**

| ***Redewendung:*** | ***Das bedeutete früher:*** | ***Das bedeutet heute:*** |
|---|---|---|
| sich ins Zeug legen | die Rüstung anlegen | sich für etwas einsetzen |
| sattelfest sein | sicher im Sattel sitzen | etwas gut können |
| jemanden im Stich lassen | den vom Pferd gefallenen Ritter auf dem Kampfplatz liegen lassen | jemanden in einer schwierigen Lage alleine lassen |
| jemandem unter die Arme greifen | dem Ritter in Rüstung beim Aufstehen helfen | jemandem helfen, etwas zu tun |
| auf hohem Ross sitzen | beim Kampf oder im Turnier reiten | arrogant sein |
| in Harnisch geraten | dir Rüstung anlegen, bereit sein zum Kämpfen | zornig werden |
| für jemanden eine Lanze brechen | bereit sein, für jemanden zu kämpfen | sich für jemanden einsetzen |
| etwas im Schilde führen | am Wappen konnte man Freund oder Feind erkennen | etwas vorhaben, etwas aushecken, etwas Heimliches tun |

# Wenn die Ritter schlafen gehen

Text: Bernd Kohlhepp
Melodie: Jürgen Treyz

2. Wenn die Ritter schlafen gehen,
ziehn sie sich mit Werkzeug aus.
Schraubenzieher, Gabelschlüssel
haben sie deshalb im Haus.
Ist die Rüstung festgerostet,
holen sie den Schmied.
Dieser hämmert ganz behutsam,
weil ihm sonst was blüht …

Ref.: Wenn die Ritter …

3. Wenn die Ritter schlafen gehen,
machen sie die Augen zu.
Schlafen unter dicken Decken,
dann ist auf dem Burghof Ruh.
Sieht man wen im weißen Hemd
mit Huhu und Hoho,
ist's kein Geist – ein Ritter bloß,
der muss mal aufs Klo.

Ref.: Wenn die Ritter …

# Sturm auf die Burg

# Angriff auf Burg Löwenstein

Die aufgehende Sonne hüllte die grauen Mauern von Burg Löwenstein in ein warmes Licht. Noch war alles ruhig und friedlich hinter den trutzigen Mauern. Nur im Schlafzimmer des Wohnturms wurde schon jemand wach. Voller Tatendrang reckte und streckte sich Ritter Leopold in seinem Himmelbett, während seine noch schlafende Gemahlin Kunigunde leise vor sich hin schnarchte »Chchch-tschitschi-chchch-tschitschi-chchch«.

Das undamenhafte Geräusch reizte den edlen Ritter ganz ungemein. Ziemlich unritterlich hielt er ihr kurz entschlossen die Nase zu. Sofort war Kunigunde hellwach. »Poldi, lass das!«, knurrte sie böse. Bevor Kunigunde zornig werden konnte, säuselte ihr Ritter Leopold sanft ins Ohr: »Ach Gundi, ich hab doch Hunger, richtigen Löwenhunger. Ich brauch dringend was zu essen, sonst sterbe ich. Wirklich!«

In beleidigtem Ton fügte Ritter Leopold noch hinzu: »Und sag nicht immer Poldi zu mir. Man nennt mich Leopold, den polternden Löwen!«

Das schien Kunigunde gar nicht zu beeindrucken: »Ja, mein hungriger Löwe, du kriegst gleich was zu essen, aber erst will ich noch etwas ruhen!« Und schon war sie wieder eingeschlafen.

Kunigunde noch einmal zu wecken, das traute sich selbst Ritter Leopold, der polternde Löwe nicht. Also hüpfte er aus dem Himmelbett und stieg die Turmtreppe hinauf aufs Dach. Burg Löwenstein lag auf einer Anhöhe, vom Burgturm aus ließ sich die ganze Gegend gut überblicken. Und von hier oben aus konnte die Burg notfalls auch verteidigt werden. Im Wehrgang zwischen den Zinnen waren deshalb Katapulte, Seilwinden und anderes Gerät aufgebaut.

Ritter Leopold ließ seinen Blick in die Ferne schweifen. Nebel lag auf den Wiesen, alles war ruhig, selbst die Tiere schienen noch zu schlafen. Nur sein eigener Bauch knurrte laut und gefährlich. »Löwenhunger!«, dachte Ritter Leopold und wollte wieder hinabsteigen. Da sah er plötzlich, wie sich von Osten her ein Reiter näherte. Das Pferd war schwarz,

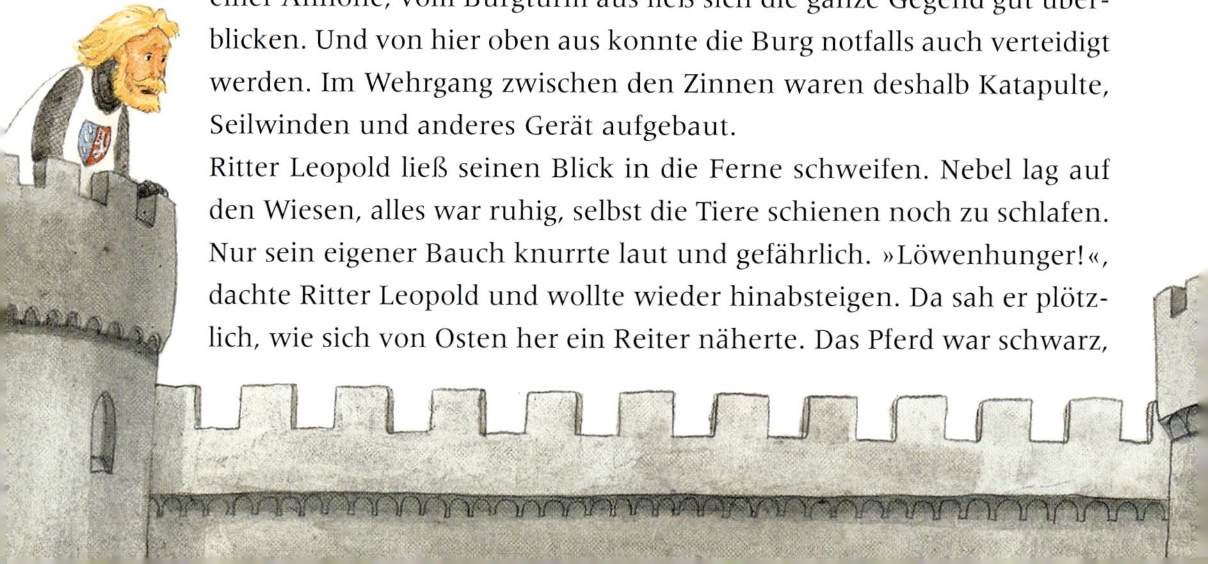

der Reiter war schwarz ... »Du heiliger Bimbam, der Schwarze Ritter!« Vor Schreck vergaß Ritter Leopold sogar seinen Hunger.

In vollem Galopp preschte der Schwarze Ritter auf Burg Löwenstein zu. Das schwarze Ross schnaubte und schwitzte und der Schwarze Ritter schwitzte und keuchte. Ritter Leopolds Gesicht wurde weiß wie Vanilleeis, seine Beine schlotterten wie Wackelpudding. Doch mutig rief er nach unten: »Wer seid Ihr? Was ist Euer Begehr!« Der Schwarze Ritter öffnete das Visier seines schwarzen Helms. Dabei lachte er ein böses Lachen: »Ich bin Rufus, der Schwarze Ritter. Ich fordere Euch, Ritter Leopold, zum ritterlichen Zweikampf. Dem Gewinner soll Burg Löwenstein gehören!«
»M-m-m-mir ge-gehört die B-b-b-burg be-bereits«, Ritter Leopolds Unterlippe zitterte so sehr, dass er stotterte. »Und we-we-wenn ich ni-ni-nicht mi-mi-mitmache?«
Doch der Schwarze Ritter kannte keine Gnade: »Dann verliert Ihr Eure Ehre und meine Leute greifen Eure Burg sowieso an. Sie sind bereits im

Anmarsch!« Tatsächlich, Rufus' Wilde Horde marschierte schon auf Burg Löwenstein zu. Ritter Leopold blieb keine Wahl. Erstens wollte er seine Burg nicht verlieren. Und zweitens verstand er keinen Spaß, wenn es um seine Ehre ging: »Gut denn, wenn die Sonne am höchsten steht, soll der ritterliche Zweikampf stattfinden. Möge der Bessere gewinnen.«

Schweren Herzens stieg Ritter Leopold wieder hinab ins ritterliche Schlafgemach. »Gundi, wach auf!«, flüsterte er leise. »Rufus, der Schwarze Ritter, hat mich zum Wettkampf gefordert.« Sofort war Kunigunde hellwach.

Während Ritter Leopold seine beiden Knappen rief, damit sie ihm die Rüstung brachten, lief Kunigunde die Turmtreppe nach unten in die Küche. Sie weckte Berta, die kugelrunde Köchin, und Hugo, den baumlangen Küchenjungen, die vor dem Kaminfeuer dösten: »Rufus, der Schwarze Ritter, hat Leopold, meinen polternden Löwen, herausgefordert: Zweikampf um zwölf. Und Poldi hat noch nicht einmal gefrühstückt. Mit knurrendem Magen kann er nicht klar denken, geschweige denn erfolgreich kämpfen. Das sieht fürwahr nicht gut aus. Wir müssen ihm helfen!«

»Was können wir schon tun?«, fragte die kugelrunde Berta besorgt.

»Das werdet ihr gleich erfahren«, sagte Kunigunde entschlossen und erzählte den beiden ihren Plan.

Da musste sogar die kugelrunde Berta herzhaft lachen: »Alles klar, Chefin, wir starten zum Gegenangriff!« Schon schnappte sie sich den großen Kupferkessel, füllte ihn mit Wasser und hing ihn übers Feuer.

Der baumlange Hugo holte erst einmal Verstärkung: Bebo und Bibo, die beiden Stallburschen, und Vivian, die kleine Kammerzofe. »Die Chefin hat gesagt, wir sollen das Zeugs aus dem Keller holen, ihr wisst schon welches. Aber Vorsicht! Nix fallen lassen! Nix anstoßen! Das Zeugs ist soooo gefährlich!«

Kunigunde begab sich derweil wieder ins ritterliche Schlafgemach. Hildebrand und Hagen, die beiden Knappen, mühten sich redlich, den Ritter in seine Rüstung zu stopfen. »Poldi, mein hungriger Löwe, du solltest weniger essen. In diese Rüstung passt du heute nimmermehr

rein«, davon war Kunigunde überzeugt. Und ganz undamenhaft zwickte sie Leopold in das ritterliche Bäuchlein.
»Gundi, sag nicht immer Poldi zu mir. Ich bin Leopold, der löwende Polter. Quatsch, der löwende Ritter, nein, der reitende Löwe.« Ritter Leopold hatte den Faden verloren. Aber Kunigunde lachte nur: »Ja, mein hungriger Löwe«, sagte sie und schnappte sich die ritterliche Bettdecke. Jetzt war Ritter Leopold völlig verwirrt: »Gundi, du willst doch nicht etwa schlafen gehen? Jetzt, wo der Schwarze Ritter mich herausfordert und ich in Lebensgefahr schwebe. Und zieh dir endlich mal was Ordentliches an. Soll der Schwarze Ritter dich im Nachthemd sehen?«

»Ach Poldi, mach dir keine Gedanken. Wenn Rufus mich erblickt, wird er andere Sorgen haben«, meinte Kunigunde nur und stieg mit der ritterlichen Bettdecke unterm Arm die Turmtreppe hinauf aufs Dach.
Hier oben auf dem Wehrgang hatte sich bereits eine Menge Zeugs angesammelt. Bebo, Bibo, die kleine Vivian und der baumlange Hugo hatten

es unermüdlich die Turmtreppe hinaufgeschafft. Sogar die kugelrunde Berta hatte mitgeholfen. »Wie schaut's aus mit unserer Strategie KGR? Läuft alles nach Plan?«, fragte Kunigunde in die Runde.
»Was ist denn eine Strategie?«, wollte die kleine Vivian wissen.
Kunigunde erklärte: »Wenn man sich einen Plan macht, um etwas zu erreichen, dann nennt man das eine Strategie. Dabei geht man Schritt für Schritt vor. Wie auf einer Treppe: nach Stufe 1 folgt Stufe 2 und so weiter. Ach ja, bevor ich's vergesse, KGR – das bedeutet: Kunigundes große Rache!«
Der baumlange Hugo ergriff als Erster das Wort: »Stratetegie Stufe 1 erledigt. Haben jede Menge Zeugs rangeschafft. Könnten jetzt mit Stratete, mit Stratetete ..., na mit Stufe 2 beginnen!«
Die kugelrunde Berta berichtete als Nächste: »Stufe 1 ausgeführt: Das Wasser ist heiß!«
»Na prima«, meinte Kunigunde, »hier ist die ritterliche Bettdecke sowie eine Schere. Damit haben wir Stufe 1 erfolgreich abgeschlossen. Begeben wir uns auf Stufe 2. Vivian, du schneidest die Decke auf. Berta, du rührst den Zucker in das Wasser. Bebo, Bibo und Hugo, ihr stapelt das Zeugs neben die Katapulte!«
»Aber Vorsicht! Nix fallen lassen. Nix anstoßen. Das Zeugs ist sooo gefährlich!«, warnte der baumlange Hugo.
»Wir haben das Zeugs bis hierher geschafft«, sagte Bebo. »Dann werden wir auch den Rest noch schaffen«, ergänzte Bibo.
»Wenn es nur nicht so entsetzlich stinken würde«, sagte Bebo. »Allein der Gestank ist ja schon tödlich«, ergänzte Bibo.
»Ich bin mal gespannt«, meinte Bebo und runzelt die Stirn. Auch Bibo runzelte die Stirn und ergänzte den Satz seines Bruders: »Wie das Zeugs beim Aufprall wirkt.«
»Da sind wir allerdings alle gespannt. Also bringen wir es hinter uns!«
Kunigunde schaute sich das besagte Zeugs genauer an. Da gibt es Kisten mit angefaulten Kohlköpfen, verschimmelten Kürbissen, überreifen Tomaten, faulen Eiern, vergammelten Küchenabfällen. Und Eimer voll mit stinkendem Unrat.
»Ladet die Katapulte mit dem Zeugs«, befahl Kunigunde. »Aber zielt

genau, schade um jeden verpassten Treffer. Berta holt derweil den großen Kessel mit dem Zuckerwasser. Dann schnappen wir uns den Schwarzen Ritter.«

Drei, zwei, eins: Attacke! Und schon hagelte es verfaulte Tomaten auf die Angreifer. Vorsichtig lugte Kunigunde zwischen zwei Zinnen über die Mauer. Kürbisse, Kohlköpfe, Salat und Küchenabfälle schlugen ein wie Biobomben und vernichteten die Kampfkraft von Rufus' Wilder Horde. Aus einiger Entfernung – und natürlich außer Schussweite – verfolgte der Schwarze Ritter selbst das Spektakel.

Kunigunde duckte sich wieder hinter die Mauer. Die kugelrunde Berta hatte den großen Kupferkessel direkt neben ihr, hinter einer Zinne versteckt, abgestellt. Alles lief nach Plan! »Attacke stopp!«, befahl Kunigunde und schon stellten die Katapulte den Beschuss der Angreifer ein. Kunigunde beugte sich weit über die Brüstung. Sie winkte mit den Armen und rief laut: »Rufus, ich mache dir ein Angebot. Komm mal hier rüber!«

Und tatsächlich, der Schwarze Ritter gab seinem Pferd die Sporen und kam angeritten. »Sieh an, sieh an, die edle Dame im Nachtgewand …« Der Schwarze Ritter lachte spöttisch und trabte mit seinem Pferd genau unterhalb von Kunigunde.

»Jetzt!«, flüsterte Kunigunde und dann ging alles ganz schnell. Die kugelrunde Berta kippte das heiße Zuckerwasser über die Brüstung und die kleine Vivian schüttelte die Bettfedern hinterher. Innerhalb von Sekunden wurde aus dem Schwarzen Ritter ein Weißer Ritter, ein Schneeweißer Ritter. Wie eine riesige Schneeflocke schaute er aus. Alle mussten lachen.

»Das werdet ihr mir büßen! Ich komme wieder!«, drohte der Schneeflockenritter und trabte auf seinem Schneeflockenpferd davon. Seine Wilde Horde, die mittlerweile zu einer Stinkenden Horde geworden ist, humpelte hinterher.

Und Ritter Leopold? Der hatte es doch noch in seine Rüstung geschafft. Klirrend und scheppernd kam er gerade rechtzeitig auf dem Turmdach an, um den unrühmlichen Abgang der Angreifer zu verfolgen.

*Dagmar Binder*

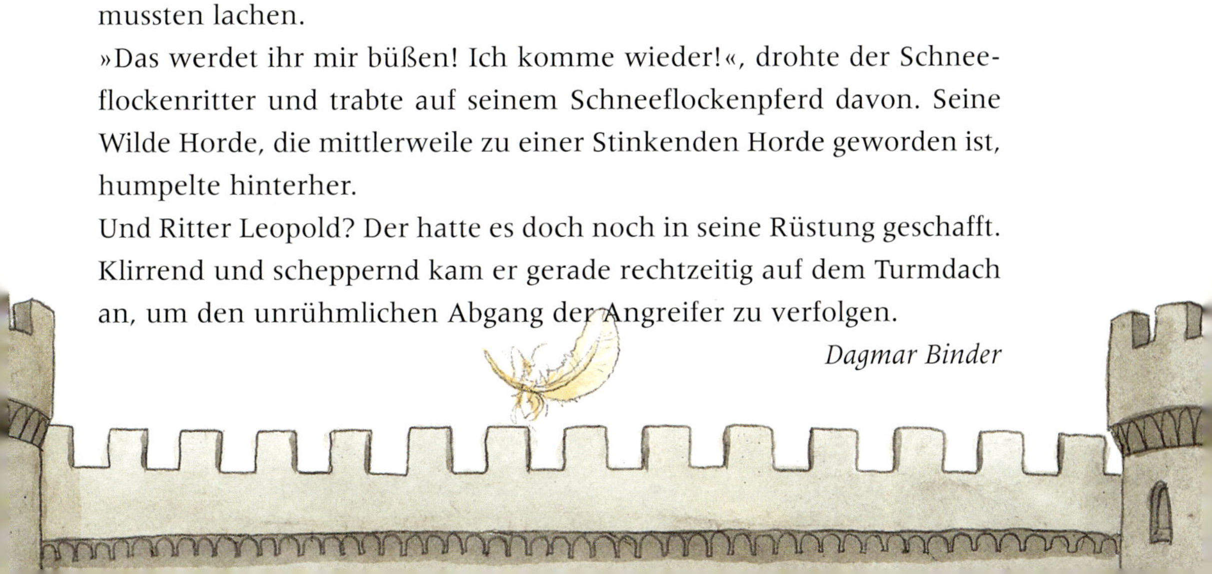

# Auf der Ritterburg

**Ritter lebten mit ihren Familien in gut geschützten Burgen. Außer der Ritterfamilie gehörten zu den Burgbewohnern auch noch die Knappen des Ritters, die Pagen und Zofen der Rittersfrau sowie die Mägde und Knechte für Küche und Stall, bewaffnete Kämpfer für die Verteidigung und natürlich ein Schmied für die Rüstungen und Waffen.**

## Trutzige Festung

Häufig wurden Burgen auf einen Berg oder an einen steilen Felsen gebaut. Feinde konnten sich nicht anschleichen. Vom hohen Wohnturm und von den Wehrtürmen aus konnte das Gelände ringsum überblickt und Angreifer beschossen werden. Eine dicke Ringmauer mit Zinnen, Wehrgang und Schießscharten umgab die ganze Burg. Ein tiefer Wassergraben schützte noch zusätzlich.

***Schwer zu erobern:*** *Trotzdem gelang es Angreifern mit Tricks und manchmal auch mit einer langen Belagerung die Burg zu stürmen.*

## Turmtreppen

Alle Wendeltreppen in Burgtürmen führen im Uhrzeigersinn nach oben, also linksherum. Wer oben steht, kann gut mit seinem Schwert zum Schlag ausholen.
Der Angreifer, der die Treppe hinauf kämpft, hat dafür kaum Platz. Gleich neben seiner Schulter befindet sich die Mittelsäule der Treppe. Nur Linkshänder haben da eine gute Chance.

***Gut geschützt:***
*Wasserburgen wurden mitten in Seen gebaut. Steil erhoben sich ihre Mauern direkt aus dem Wasser empor.*

***Symbol der Macht:***
*Ritterburgen zeigten allen, wer in der Gegend das Sagen hatte.*

# Burg Pappenhausen

**Die wichtigsten Teile einer Ritterburg sind Wohngebäude, Türme und Ringmauer. Doch jede Ritterburg sieht anders aus. Plane deine eigene Burg und baue sie dir selbst aus Verpackungskartons. Dafür findest du hier einige Anregungen.**

***Das wird gebraucht:***
***Pappschachteln, Kartons und Wellpappe***
***Schere, Kleber, Lineal und Bleistift***
***Farben und Pinsel***
***Zahnstocher und Stoff (oder Papier)***

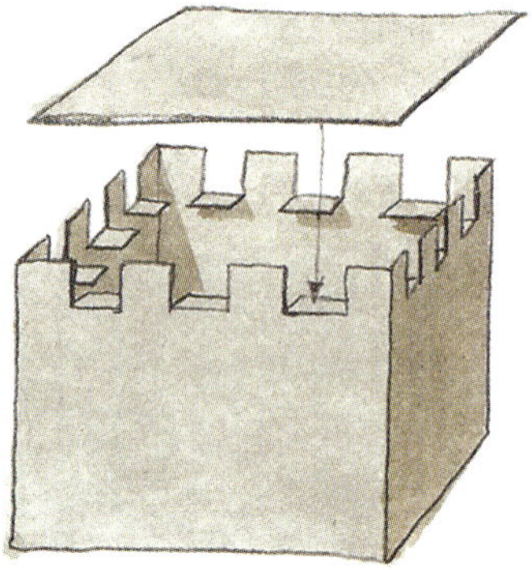

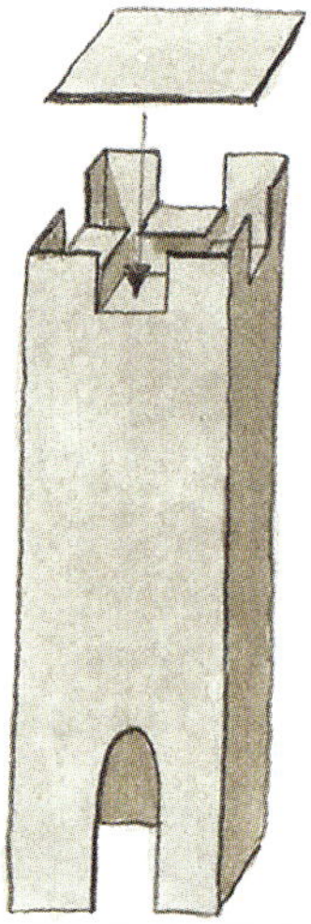

## Palas

*Das Hauptgebäude einer Burg wurde Palas genannt. Das Wort Palas ist mit dem Wort Palast verwandt.*

Für den Palas eignet sich gut ein Schuhkarton. Nimm den Deckel ab. Schneide den oberen Rand in gleichmäßigen Abständen ein. Biege jede zweite Lasche nach innen. Schneide aus dem Deckel ein passendes Rechteck aus. Lege es als Dachterrasse darauf und klebe es fest. Male ein Tor und Fenster auf.

## Türme

Für die Türme sind schmale Verpackungskartons geeignet. Die Türme sollten höher als der Palas sein. Du kannst natürlich auch Rundtürme aus Verpackungsrollen benutzen. Schneide die Türme oben so ein wie den Palas und befestige Dachterrassen. Male schmale Schießscharten auf die Türme.

## Ringmauer

Schneide Mauern aus Verpackungskarton zu. Schneide sie am oberen Rand ein wie die Gebäude und biege jede zweite Lasche nach unten. Darauf kannst du einen schmalen Wehrgang kleben. Klebe die einzelnen Mauerteile zusammen. Du kannst dazwischen auch Türme platzieren.

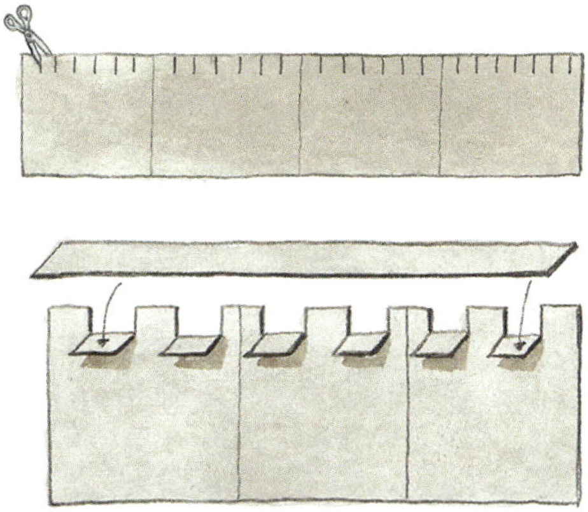

## Zugbrücke

Male die Öffnung für die Zugbrücke auf. Schneide sie aus der Mauer aus. Am unteren Rand der Mauer muss auf jeder Seite etwa ein halber Zentimeter stehen bleiben, damit die Zugbrücke mit der Mauer verbunden bleibt. Knicke die Zugbrücke nach unten. Stich mit einer dicken Nadel auf beiden Seiten des Tors und der Zugbrücke ein Loch, wie du es auf der Zeichnung siehst. Ziehe eine dünne Schnur hindurch und verknote alle Enden.

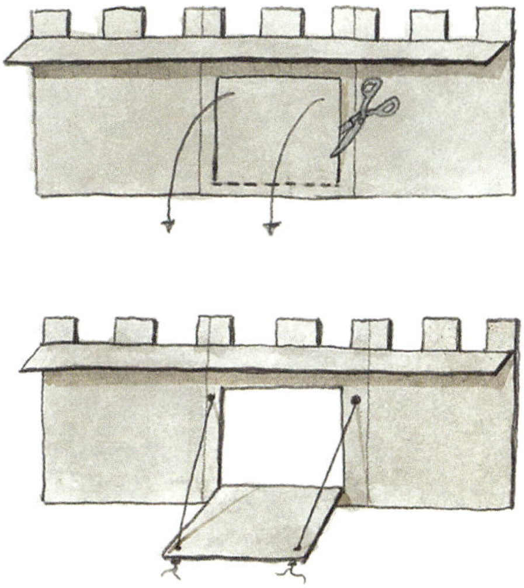

*Schneide aus Papier oder dünnem Stoff Fahnen und Wimpel aus. Bemale sie mit deinem Wappen. Klebe Zahnstocher als Fahnenstangen an. Befestige sie auf den Türmen.*

# Sturm auf die Burg

**Ritter kämpften häufig gegeneinander. Auch die wehrhaftesten Burgen wurden immer wieder angegriffen. Manche sogar vollständig zerstört und dem Erdboden gleichgemacht.**

Eine Belagerung kann Monate dauern. Zum Glück gibt es im Burghof einen tiefen Brunnen mit Trinkwasser. Auch die Vorratsräume im Keller sind gut mit Lebensmitteln gefüllt. Bei Gefahr wird zuerst die Zugbrücke hochgezogen, dann das Burgtor mit einem schweren Fallgitter verschlossen.

Die Burgbewohner bereiten sich auf die Verteidigung vor und beziehen ihre Posten auf den Wehrgängen und Türmen.

Die Angreifer versuchen zuerst den Burggraben zu überwinden. Sie werfen Baumstämme, Steine und Erde hinein und versuchen den Graben so an einigen Stellen aufzufüllen.

Durch die Lücken zwischen den zahnartigen Zinnen schleudern die Verteidiger Speere und werfen mit Steinen.

Mit einer riesigen Wurfmaschine, einem Katapult, schleudern die Angreifer große Steine gegen die Burg.

Die Verteidiger schießen aus den schmalen Schießscharten auf die Angreifer. Geschickte Bogenschützen können pro Minute 10 Pfeile abschießen. Auf dem Turm laden die Armbrust-Schützen ihre Waffen.

Die Angreifer können den Graben überwinden. Sie rollen ihren Angriffsturm an die Mauer und versuchen sie zu erstürmen. Die Burgbewohner schlagen zurück. Aus Öffnungen in den Mauern schütten sie heißes Öl und Pech auf die Angreifer.

Feuerpfeile setzen eines der Strohdächer der Stallungen im Burghof in Brand. Der Brand muss gelöscht werden.

Mit einem schweren Rammbock versuchen die Angreifer ein Loch in die Mauer zu schlagen. Aber die Mauer hält stand.

Auf dem Wehrgang beginnt ein erbitterter Nahkampf. Feinde sind über den Angriffsturm in die Burg eingedrungen. Die Ritter kämpften mit dem Morgenstern, einer gefährlichen Waffe für den Nahkampf. Ein kräftiger Schlag mit der Stachelkugel kann die beste Rüstung beschädigen.

Schließlich siegt die Burgbesatzung doch noch: Die Angreifer werden überrumpelt. Einige fallen in ein tiefes Verlies. Andere sind verwundet oder geben auf. Endlich beenden die Angreifer den Kampf und ziehen sich zurück.

Die Verteidiger sind erschöpft, aber überglücklich. Sie haben dem Angriff standgehalten und die Angreifer in die Flucht geschlagen.

Morgen gibt es für alle viel zu tun. Die Burgmauer ist an einer Stelle beschädigt und auch sonst muss viel repariert werden.

# Ritterbärchen-Katapult

***Das wird gebraucht:***
***1 kleines Holzbrett***
***1 Wäscheklammer***
***4 Gummiringe***
***1 Streichholzschachtel***
***Gummibärchen***

Befestige die Wäscheklammer mit zwei Gummiringen auf dem Brett. Nimm von der Streichholzschachtel das Innenteil. Lege es auf die Klammer und mache es mit den anderen beiden Gummiringen fest.
*Die Schachtel sollte möglichst weit hinten angebracht werden. Es sollte aber noch genügend Platz für deine Fingerspitze bleiben.* Lege ein Gummibärchen in die Schachtel. Drücke fest auf das Ende der Klammer und lass das Bärchen fliegen.

**Schon gewusst?**

**Katapulte**
Katapulte sind Wurfmaschinen. Bevor das Schießpulver erfunden wurde, gehörten sie zu den wirksamsten Waffen. Mit großen Katapulten wurden riesige Steine geschleudert. Wie Raketen schlugen sie bei ihrem Ziel ein. So konnten dicke Burgmauern beschädigt und sogar zerstört werden.
Schon die Römer hatten Katapulte, die 25 Kilo schwere Steine bis zu 150 Meter weit schleudern konnten.

# Ritter im Anflug

*Für dieses Spiel wird gebraucht:*
*1 großer Eierkarton*
*Farben und Pinsel*
*Flaschenkorken*
*1 Löffel*

Male den Eierkarton mit Wasserfarben an, in der Mitte grau wie die Burg, im äußeren Bereich blau wie den Wassergraben.
Die Korken werden zu Mini-Rittern bemalt. Du brauchst mindestens zwei Gruppen von Rittern. Jede Gruppe trägt ihr eigenes Wappen. Zum Beispiel: ein blaues Kreuz für die eine Gruppe und einen roten Stern für die andere.
Ein Mini-Ritter wird auf das Ende des Löffels gestellt und Richtung Burg katapultiert. Wer kann die Burg erobern?

***Flugbahn und Schusslinie***
*Wenn du einen Gegenstand mit einem Katapult fortschießt, so fliegt er in einer gekrümmten Bahn. Diese nennt man Flugbahn. Die Entfernung, die der Gegenstand zurücklegt, heißt Schussweite.*

***Kreuz-Ritter gegen Stern-Ritter***
*Spielregel:*
*Jeder Ritter hat drei Versuche.*
*Wer im Graben landet, darf es noch mal probieren. Wer dreimal daneben landet, scheidet aus.*

# Lied der Raubritter

Text: Bernd Kohlhepp
Melodie: Jürgen Treyz

2. Ja, das Leben ist zum Räubern
und nicht zum Burghofsäubern.
Ja, den Männern und den Weibern
stiehlt man's aus Sack und Pack.
Hahaha, hohoho,
ja, das ist nun einmal so!
Hahaha, hohoho,
das ist nun einmal so!

3. Ja, die Raubritter wollen rauben
und nicht das Schloss abstauben.
Ja, das kann man uns gern glauben,
geraubt wird zack, zack, zack.
Hahaha, hohoho,
ja, das ist nun einmal so!
Hahaha, hohoho,
das ist nun einmal so!

# Edle Prinzessinnen und stolze Burgfrauen

# Der Namenlose Ritter

Wenn König Wilfred der Wohlriechende zu einem Turnier einlud, dann strömten die besten Ritter des Landes zusammen. Denn der Siegespreis war immer ein Kuss der schönen Königstochter Eleonore.

König Wilfred veranstaltete sehr viele Turniere und Eleonore musste sehr viele siegreiche Ritter küssen. Eines schönen Tages wurde ihr das zu bunt.

»Diese Ritter sind genauso hohl wie ihre Rüstungen«, sagte sie zu ihrem Vater. »Sie stinken nach Rost und Schweiß und haben nichts im Kopf als ihre Schwerter und ihre Wappen. Schluss! Ich werde nie wieder einen dieser Blechköpfe küssen!«

Darüber war König Wilfred so sehr verärgert, dass er Eleonore drei Tage in den kalten Burgturm sperren ließ, zu den Ratten und Fledermäusen. Aber die Prinzessin war nicht nur schön, sondern auch sehr klug und so nutzte sie die Zeit, um eine List zu ersinnen …

Zum nächsten Turnier ging sie brav wieder mit. Aber während der König den Rittern Eleonores Schönheit pries und dem Sieger einen Kuss von ihr versprach, tauschte die Prinzessin den Platz mit ihrer Zofe und verschwand hinter der festlich geschmückten Tribüne. Der König merkte nichts. Die Zofe trug ein Kleid seiner Tochter und vor dem Gesicht einen dichten Schleier, was sollte er da merken?

Eleonore hatte alles sorgfältig vorbereitet. Sie zog die silberne Rüstung an, die sie im Gebüsch versteckt hatte, schnallte sich ein Schwert um, ergriff eine Lanze und stieg auf den prächtigsten Schimmel aus dem Stall des Königs. Dann schloss sie das Visier und galoppierte auf den Turnierplatz. Vor dem Thron ihres Vaters zügelte sie ihr Pferd und senkte die Lanze.

»Ich bin der Namenlose Ritter!«, verkündete sie mit verstellter Stimme. »Und ich werde jeden Ritter in den Staub werfen, der es wagt, sich mit mir zu messen.«

Wilfred der Wohlriechende war verblüfft.

»Wohlan, edler Ritter«, sagte er. »Dann lasst den Kampf beginnen.«
Die Trompeten erklangen und Sigurd von Donnerbalk, gefürchtet auf allen Turnierplätzen, ritt in die Schranken. Mit donnerndem Galopp stürmte er auf den Namenlosen Ritter zu. Aber als Sigurd noch genau einen Pferdesprung entfernt war, hängte sich der Namenlose Ritter blitzschnell auf die Seite seines Pferdes, Sigurds Lanze stieß ins Leere und Sigurd von Donnerbalk flog über den Hals seines Pferdes in den Staub.

Nummer eins.
Auf den Rängen herrschte erstauntes Schweigen. Dann brach der Jubel los. Der Namenlose Ritter ritt an den Anfang der Schranke zurück und wartete auf den nächsten Gegner.
Das war Hartmann von Hirsingen. Ihm erging es nicht besser als seinem Vorgänger. Der Namenlose Ritter stieß ihn kurzerhand mit dem Fuß aus dem Sattel.
Nummer zwei.
Es folgten Heinrich von Hirsekorn, Götz von Gruselstein und Neidhart von Fieslingen. Sie landeten alle im Staub. Der Rest der edlen Ritter-

schaft weigerte sich daraufhin zum Kampf anzutreten. Der König erklärte den Namenlosen Ritter zum Turniersieger.
»Ich danke Euch, Majestät!«, sagte der Ritter mit einer Verbeugung. »Und nun wird es Zeit für mich heimzureiten.«
»Aber Euer Preis!«, rief der König. »Vergesst nicht Euren Preis. Den Kuss von meiner schönen Tochter!«
»Lieber nicht«, sagte der Namenlose Ritter. »Ein Kuss von Euch wäre mir lieber.«
»Was?«, stammelte der König. »Ähm, wie?«
Da nahm der Namenlose Ritter seinen Helm ab.
»Guten Tag, Vater«, sagte die schöne Eleonore. Sie beugte sich vom Pferd herab und gab dem König einen dicken Kuss auf die Nase.
Der war zum allerersten Mal in seinem königlichen Leben vollkommen sprachlos.
»Und nun zu euch, ihr Blechköpfe«, sagte die Prinzessin und wandte sich den geschlagenen Rittern zu.
Schief und krumm, mit schmerzenden Gliedern saßen sie auf ihren Pferden und verbargen ihre schamroten Gesichter hinter den geschlossenen Visieren.
»Von heute an gilt, wer Eleonore küssen will, muss erst mit dem Namenlosen Ritter kämpfen. Habt ihr das verstanden, ihr Blechköpfe?«, fragte die Prinzessin.
Keiner der Ritter gab Antwort. Wütend rissen sie ihre Pferde herum und galoppierten vom Turnierplatz, verfolgt vom Gelächter der Zuschauer.
Kein Ritter wollte je wieder mit dem Namenlosen kämpfen. Eleonore musste nie wieder einen Blechkopf küssen. Sie heiratete den Rosengärtner ihres Vaters und wurde sehr glücklich.

*Cornelia Funke*

# Die Kleidung der edlen Damen

**Das wird gebraucht:**
***farbiges Tonpapier***
***Bürotacker***
***Lineal und Schere***
***Bleistift und Schnur***
***Kleber***

***Zum Verzieren:***
***bunte Bänder***
***Glitzersteine***

## Kegelhaube

Die edlen Damen trugen häufig eine spitze, kegelförmige Haube, von deren Spitze ein Schleier herabhing. Diese Kegelhaube wurde Hennin genannt.

Miss vom Tonpapier etwa 40 Zentimeter ab. Markiere die Punkte und verbinde sie in einem Bogen. Wie das am besten geht, siehst du auf der Zeichnung.

Schneide das Tonpapier entlang der Linie aus. Forme daraus ein Tüte und passe sie deiner Kopfgröße an. Tackere die Tüte zusammen. Verklebe die Nahtstelle noch zusätzlich. Schneide die Spitze der Kegelhaube etwas ab, sodass ein kleines Loch entsteht. Dadurch kannst du Bänder ziehen und innen in der Haube verkleben oder verknoten. Verziere deine Kegelhaube mit Glitzersteinen und Stoffresten.

## Blumenkranz

*Verheiratete Frauen mussten in der Öffentlichkeit eine Kopfbedeckung tragen. Junge Mädchen trugen ihr Haar offen. Im Frühling und Sommer schmückten sie es oft mit einem Blütenkranz.*

Sammle Wiesenblumen. Schneide in jeden Stängel einen Schlitz. Nimm eine Blume und stecke durch den Schlitz im Stängel eine weitere Blume. So entsteht ein Blumenkranz.

# Das Leben auf der Burg

**Auf einer richtigen Burg zu leben, das klingt spannend und lustig. In Wirklichkeit war es aber ziemlich ungemütlich. Die kleinen Fenster in den dicken Burgmauern hatten keine Glasscheiben. Sie ließen sich nur mit Fensterläden verschließen. Aber dann wurde es in den ohnehin schon dunklen Räumen stockfinster. Also pfiff der Wind die meiste Zeit durch die offenen Fenster und Feuchtigkeit breitete sich in den Räumen aus.**

## Im Burghof

*Der Burgschmied stellte Waffen und Werkzeuge her. Und er reparierte sie auch.*
*Das meiste, was man zum Leben brauchte, wurde auf der Burg selbst hergestellt, angebaut oder gezüchtet. So konnten sich die Bewohner bei einer Belagerung auch selbst versorgen.*

Innerhalb der Burgmauern herrschte ein reges Treiben. Viele Menschen lebten und arbeiteten hier. Neben dem Wohnturm der Ritterfamilie gab es Gesindehäuser, wo die Knechte und Mägde lebten, und es gab Unterkünfte für die Krieger. Eine Schmiede und eine kleine Kapelle waren auch in den meisten Burghöfen zu finden.
Außerdem gab es da noch Ställe für Pferde, Kühe und Schweine, einen großen Gemüsegarten und einen tiefen Brunnen.

## Der Rittersaal

Im großen Festsaal wurden Feste gefeiert, hier empfing der Ritter Besuch. Die Wände waren mit den Wappen des Ritters, mit wertvollen Waffen und kostbaren Teppichen geschmückt. Viele Möbel gab es im Rittersaal nicht.

*In der Kemenate hielten sich die Burgfrauen im Winter am liebsten auf. Hier spannen sie Garn und Wolle, webten Stoffe und nähten Kleidungsstücke.*

## Die Kemenate

Das ritterliche Schlafzimmer hieß Kemenate, wegen des Kamins, mit dem dieses Zimmer geheizt werden konnte. In der Mitte des Raumes stand ein großes Himmelbett. Es hatte ringsherum Vorhänge, die zugezogen wurden, wenn es kalt war. Die ganze Familie schlief meist in dem einen Bett. Kleidungsstücke und Wäsche wurden in Truhen aufbewahrt. Schränke kannten die Ritter noch nicht.

**Schon gewusst?**

**Das gab es damals noch nicht:**
Zentralheizung gab es natürlich noch nicht. Nur in einigen Räumen loderte ein Holzfeuer im offenen Kamin. Kerzen und Fackeln verbreiteten ein flackerndes Licht. Wasserleitung und Klospülung waren noch nicht erfunden. Es gab nur einen Brunnen im Hof und ein Plumpsklo auf dem Turm.

*In Tontöpfen, gut verschlossen mit einem Deckel, wurde das Süßeste aufbewahrt, was es damals auf der Burg gab: Honig. Denn Zucker kannten die Ritter noch nicht.*

## Ein Raum voll Ruß und Rauch

Einen Herd gab es auf der Burg nicht. Die Küche hatte einen großen offenen Kamin, in dem ein Holzfeuer loderte. Über dem Feuer wurde Fleisch am Spieß gebraten und in großen Eisentöpfen Suppen gekocht. Im Rauchabzug hingen Würste, Speck und Schinken zum Räuchern.

Brot wurde im Backhaus neben der Küche gebacken, Vorräte meist im Keller gelagert.

## Das heimliche Gemach

Natürlich mussten auch die Rittersleute mal aufs Klo. Dafür baute man einen kleinen Erker weit oben an die Außenmauer des Wohnturms. Im Fußboden befand sich ein Loch. Durch das fiel alles nach unten direkt in den Burggraben.

*Papier war damals in Europa noch unbekannt, also gab es auch noch kein Toilettenpapier.*

## Badespaß

Mit dem Waschen und der Reinlichkeit hatten es die Ritter nicht so. Aber ab und zu stiegen sie doch mal in die Wanne. Als Badewanne diente damals ein Waschbottich. Der war aus Holz und sehr groß. Das Wasser dafür musste erst erhitzt und dann eingefüllt werden. Das war mühsam und dauerte sehr lange. Wenn endlich genug warmes Wasser eingefüllt war, dann stiegen gleich mehrere Personen in einen Bottich. Sie nutzten das Bad als geselliges Beisammensein und aßen, tranken und schwatzen dabei.

***Grützeschwamm***

*Zum Waschen wurde ein Grützeschwamm benutzt, eine Art Waschlappen, der mit grob gemahlenen Getreidekörnern gefüllt war. Damit konnte man sich prima abrubbeln. Und man konnte damit spielen wie mit einen Ball.*

# Die Burgherrin

**Die Frau des Ritters hatte viele wichtige Aufgaben. Sie überwachte den Haushalt, ließ Vorräte anlegen und bestimmte, was zu tun war.**

Die Burgherrin kümmerte sich um die Gäste und erzog die Kinder. Die Mädchen lehrte sie Nähen, Spinnen, Weben und Sticken. Oft auch Lesen, Schreiben und die Heilkunst.
Den Knappen brachte sie die Regeln des Anstandes und des guten Benehmens bei.
Wenn der Ritter in den Kampf zog, hatte seine Frau auf der Burg das Sagen.

## Lesen und Schreiben

Zur Ritterzeit gab es noch keine Schulen. Aber die meisten Burgherrinnen konnten lesen, schreiben und rechnen. Sie hatten das von ihrer Mutter gelernt und gaben das Wissen an ihre Töchter weiter. Viele Ritter konnten weder lesen noch schreiben. Das hielten die Herren damals für nicht so wichtig. Die einfachen Leute lernten sowieso kaum etwas.

## Die Ritterkinder

Die Söhne der Ritterfamilie verließen mit sieben Jahren die Burg, um bei einer anderen Ritterfamilie das Ritterhandwerk zu erlernen.
Die Töchter blieben auf der Burg. Sie wurden schon sehr früh verheiratet.

## Heilkunst

Um Wunden und Krankheiten kümmerte sich meist auch die Burgherrin. Ärzte waren damals selten. Deshalb hatten sich die Frauen ein großes Wissen über Kräuter und andere Heilmittel angeeignet.

## Mode

Auch schon zur Ritterzeit war Mode ein wichtiges Thema. Nicht nur die Edelfräulein und Ritterfrauen unterhielten sich gern über die neueste Mode, auch die Ritter bewunderten sich gerne gegenseitig. Sie liebten leuchtend bunte Kleidung. Zu Festen trugen sie gerne bunte Jacken mit Puffärmeln, eng anliegende Strumpfhosen und lange, spitze Schnabelschuhe. Auch lange Röcke waren sehr beliebt. Eine prächtige Kappe und ein weiter langer Umhang vervollständigten das ritterliche Gewand.

# Die Prinzessin will lieber Ritter sein

Text: Bernd Kohlhepp
Melodie: Jürgen Treyz

Sticken, nähen, Lieder singen,
damit kann man zwar Zeit verbringen.
Doch jetzt bin ich nicht mehr klein.
Einmal möcht ich Ritter sein!

Haushofmeister, Gouvernanten,
Königspaar und die Verwandten
schließen sie ins Zimmer ein,
denn sie soll doch kein Ritter sein.

Und sie klettert aus dem Fenster.
Draußen steht ihr allerschönster
Schimmel längst schon an der Lein',
mit dem will sie Ritter sein.

Und sie nimmt sich ungestört
eine Lanze und ein Schwert.
Auch 'ne Rüstung mit gold'nem Schein,
denn sie will gern Ritter sein.

*Ref.:* Ritter sein, Ritter sein, …

Und sie reitet zum Turnier,
und zufällig war auch eins hier.
Dort reiht sie sich mit ein,
denn sie will gern Ritter sein.

Und mit der Lanze, gnadenlos,
stößt sie einen Mann vom Ross.
Der sieht ganz verdattert drein:
»Das muss ein tüchtiger Ritter sein!«

*Ref.:* Ritter sein, Ritter sein, …

Und danach vorm Königsthron
erhält sie auch den Kampfeslohn.
So glücklich schaut der König drein.
»Keiner«, sagt er, »kämpft so fein!

Ach, und darum versprech ich Euch
die Tochter und das Königreich.
Ich schloss sie ins Zimmer ein,
denn sie wollte Ritter sein!«

*Ref.:* Ritter sein, Ritter sein, …

# König Artus' Tafelrunde

# Ritter Reinholds Tafelrunde

**Ritter Reinhold hatte Geburtstag. Und wie jedes Jahr wurde auf Burg Rheinfels ein großes Geburtstagsfest gefeiert. Eigentlich ein Grund zur Freude, aber Ritter Reinhold war ein wenig traurig …**

Ritter Reinholds Problem begann, als seine Frau Rosalinde ihm mitteilte, dass sie für seinen Geburtstag eine neue Festtafel bestellt hatte. »Stell dir vor, eine große Tafel aus schwerem Eichenholz, rund wie ein riesiges Wagenrad, mit zwölf Sitzplätzen daran. Da kannst du das Fest im Kreise deiner Freunde feiern, wie König Artus auf Camelot. Ist das nicht toll! Und so modern!«

Zuerst freute sich Ritter Reinhold ganz riesig. Gemeinsam schrieben sie die Einladungen fürs Fest: an Ritter Lothar und seine Frau Lillifee, an Ritter Eckbert und Elke, an Gunter und Siegfried, an Rosalindes Schwester Brunhilde und Ritter Hagen, an Tante Hilde und Onkel Klaus.

»Fehlt nur noch Ritter Wolfram«, meinte Ritter Reinhold zum Schluss, »dann sind alle komplett!«

»Ritter Wolfram?«, fragte seine Frau verwundert. »Für Ritter Wolfram ist kein Platz. Es gibt nur 12 Plätze an deiner Tafel.«

Ritter Reinhold war entsetzt. »Ritter Wolfram ist mein ältester Freund. Er hat mir das Schwimmen beigebracht und mir viele Tricks gezeigt, die bei einem Turnier hilfreich sind!«

»Das mag ja sein, mein Lieber. Aber Ritter Wolfram ist ein lauter Mensch. Er hat schlechte Manieren und ist schrecklich jähzornig. Erinnere dich nur an den Streit bei deinem letzten Fest. Da hast du selbst gesagt: Den lade ich nie wieder ein.«

Das stimmte. Da hatte Rosalinde Recht. Außerdem konnten sie Ritter Wolfram ja schlecht an den Katzentisch zu den Kindern oder zu den Bediensteten setzen. Wenn nun mal kein Platz war, dann war eben kein Platz. Dann wurde eben ohne Ritter Wolfram gefeiert. Aber wohl

war Reinhold bei dieser Entscheidung nicht. Je näher das Fest rückte, desto schlechter wurde seine Stimmung.
Und nun war alles bereit für das Fest. Burg Rheinfels erstrahlte im Licht der Fackeln. In der Küche wurde gebrutzelt und gerührt. Es duftete nach frischem Brot und köstlichen Speisen. Ritter Reinhold inspizierte den Rittersaal mit der neuen schönen Tafel. Und da kamen auch schon die ersten Gäste.
Ritter Eckbert und Elke, wie immer superpünktlich. Eckbert schleppte eine große Kiste und Elke begrüßte Ritter Reinhold mit den Worten: »Reinhold, mein Armer, jetzt bist du schon wieder ein Jahr älter. Bald geht's dir so wie meinem Eckbert. Dann kommst du auch nicht mehr alleine aufs Pferd.«
Eckbert drückte Reinhold die Kiste in die Arme und öffnete sie auch gleich selbst. Heraus zog er einen Schemel. »Da bist du platt, Reinhold. Mit diesem Schemel ist kein Pferd mehr zu hoch«, meinte er griesgrämig.
Reinhold stellte den blöden Schemel auf den Boden, drehte sich um und prallte mit Ritter Lothar zusammen. Autsch, das tat weh! Warum war Ritter Lothar bloß in voller Rüstung erschienen? Doch bevor Reinhold ihn fragen konnte, schwatzte dessen Frau Lillifee bereits auf ihn ein: »Ach Reinhold, mein Lieber, wir haben dein Geschenk vergessen. Aber das macht doch nichts, oder? Lothar musste unbedingt seine olle Rüstung anziehen, aber die ist schon ein bisschen eingerostet …«
Bevor sie weiterschwatzen konnte, erschienen Brunhilde und Hagen. Brunhilde war die große Schwester von Rosalinde. Sie war nicht nur groß und mächtig von Statur, sie war auch sehr kräftig. Als sie Ritter Reinhold zur Begrüßung auf die Schulter klopfte, wäre der fast umgefallen.
»Na Reinhold, mein Kleiner, du wirst ja immer dünner. Öffne doch mal mein Geschenk, da ist was Gutes für dich drin.« Mit diesen Worten stellte Brunhilde eine Kiste vor Reinhold. Der beugte sich darüber, öffnete sie neugierig und erschrak furchtbar: Aus der Kiste sprang ihm etwas entgegen und verschwand unter der Tafel. Mutig schaute Rein-

hold unter den Tisch. Dort saß ein rosafarbenes Etwas und schnüffelte ihn an. »Ein Ferkel«, rief er entsetzt.
Reinhold konnte Schweine nicht ausstehen und wollte flüchten. Dabei lief er Tante Hilde und Onkel Klaus in die Arme: »Reinhold, alter Teufelsbraten, wie geht's der schönen Kunigunde?«, fragte ihn Onkel Klaus. »Klaus, du wirst langsam alt. Er hat doch Rosalinde geheiratet und nicht Kunigunde«, klärte ihn Tante Hilde auf.
»Hat er Kunigunde etwa sitzen lassen?«, fragte Klaus zurück.

Völlig genervt schrie Reinhold ihn an: »Ich hab noch nie eine Kunigunde gekannt, Onkel Klaus!« So ein blödes Fest! Onkel Klaus warf mal wieder alles durcheinander, Ritter Eckbert war griesgrämig wie immer, Lothar steckte in seiner Rüstung fest und die Geschenke waren doof. Blind vor Wut stolperte Reinhold über den Schemel und flog der Länge nach zu Boden.
Siegfried und Gunter halfen ihm wieder auf die Beine. Reinhold freute sich, dass seine Freunde endlich gekommen waren. Aber der schöne Siegfried und der tapfere Gunter hatten einen heftigen Streit hinter

sich und übertrafen mit ihrer schlechten Laune noch den griesgrämigen Eckbert. Es war zum Heulen.

Rosalinde rettete die Situation, indem sie alle zu Tisch bat: »Das Essen wird jetzt aufgetragen, bitte setzt euch.« Und so nahmen alle Platz und machten sich über das köstliche Essen her. Für einen Moment verbesserte sich sogar Reinholds Stimmung, bis Lillifee fragte: »Wo ist eigentlich Ritter Wolfram? Kommt er nicht zu deinem Fest?«

Betretenes Schweigen. Brunhilde schnappte sich ein gebratenes Hühnerbein, biss herzhaft hinein und meinte: »Ach der, der ist bestimmt auf einem Turnier und hat Reinholds Geburtstag vergessen.«

Rosalinde kicherte schrill, doch Ritter Lothar musste herzhaft lachen. Dabei klappte das Visier seines Helmes zu und ließ sich nicht mehr öffnen. Ritter Reinhold bekam Schluckauf von all der Aufregung. Brunhilde schlug ihm mit dem angeknabberten Hühnerbein auf den Rücken. Worauf Reinhold sich noch heftiger verschluckte und überhaupt kein Wort mehr herausbekam.

In diesem Moment meldete die Torwache einen Ritter, der Einlass in die Burg begehre. Ritter Reinholds Schluckauf war wie weggeblasen. »Zieht die Zugbrücke hoch!«, befahl er und verließ den Saal. Die Gäste folgten ihm.

Gemeinsam verfolgten alle, wie erst die Zugbrücke hochgezogen wurde und dann das schwere Eisengitter. Durch das offene Burgtor preschte ein Reiter herein und zügelte sein Pferd direkt vor Ritter Reinhold. Reinhold schlotterten die Knie. Der Ritter stieg von seinem verschwitzten, schnaubenden Pferd und öffnete sein Helmvisier. Es war Ritter Wolfram.

Wolfram packte den armen Reinhold und drückte ihn ganz heftig. »Mensch Reinhold, nun guck doch nicht so! Du hast doch nicht im Ernst geglaubt, dass ich deinen Geburtstag vergesse? Um rechtzeitig hier zu sein, bin ich ununterbrochen geritten. Schau dir nur das arme Pferd an, es bricht ja fast zusammen«, erzählte Ritter Wolfram gut gelaunt.

Ritter Reinhold hatte das Gefühl auch gleich zusammenzubrechen, aber eher vor Erleichterung: Wolfram war ihm ja gar nicht böse.

»Na, da ist ja die ganze Bande versammelt. Habt ihr etwa schon ohne mich angefangen?«, fragte Wolfram die anderen Gäste. Ritter Lothar antwortete etwas, das keiner verstand, da ja sein Helmvisier klemmte. »Ach Lothar, wieder mal Probleme mit der Rüstung«, lachte Wolfram und öffnete das verklemmte Visier problemlos. Lothar war erleichtert: »Danke, Wolfram, ich dachte schon, ich kann den ganzen Abend nichts essen. Dabei gibt es echt gutes Futter bei Reinhold und Rosalinde.«

»Aber ...« Rosalinde wollte etwas sagen, doch ihr Mann schnitt ihr einfach das Wort ab. »Wolfram, wir haben die ganze Zeit auf dich gewartet«, sagte er und geleitete seinen Freund zur festlich gedeckten Tafel.

Reinhold holte noch einen Stuhl, alle rückten ein bisschen enger zusammen und tatsächlich, der Platz reichte auch noch für Ritter Wolfram.

Tja, und dann wurde es doch noch ein richtig schönes Fest. Wolfram erzählte lustige Geschichten. Alle waren ziemlich laut und gut gelaunt. Sogar das kleine Ferkel hatte seinen Spaß. Es bekam Essensreste, wurde gestreichelt wie ein Hund und schlief schließlich erschöpft auf Reinholds neuem Schemel ein. »Den Schemel schenk ich dem Schwein«, dachte Reinhold vergnügt und freute sich, dass doch noch alles gut geworden war.

*Dagmar Binder*

# Mein Ritterkelch

**_Das wird gebraucht:_**
**_Tapetenkleister_**
**_Zeitungspapier_**
**_Plastikbecher_**
**_Verpackungspappe_**
**_Papprolle_**
**_(z. B. von Klopapier)_**
**_Stift_**
**_Schere_**
**_Kleber_**
**_Goldfarbe_**
**_Pinsel_**
**_Glitzersteine_**
**_Büroklammern_**

Verrühre einen Esslöffel Tapetenkleister mit einem Becher Wasser. Lass das Gemisch 10 Minuten quellen.

Reiße Zeitungspapier in Streifen.

Stelle den Plastikbecher auf die Pappe. Umfahre ihn mit einem Stift. Mache das noch ein zweites Mal. Schneide die beiden Kreise aus.

Schneide die Papprolle an beiden Seiten ein und drücke die Enden nach außen, wie auf der Zeichnung zu sehen.

Klebe die Kreise an die beiden Enden der Rolle. Setze den Becher obendrauf.

Klebe mit dem Kleister Papierstreifen über den Becher. Lass den oberen Becherrand frei. Klebe mindestens fünf Schichten übereinander.

Lass alles gut durchtrocknen. Nimm den Becher vorsichtig heraus.

Bemale den Kelch mit Goldfarbe. Biege ein Paar Büroklammern auseinander. Klebe die Glitzersteine und die Drähte der Büroklammern auf.

*Den Innenbecher kannst du zum Spülen herausnehmen.*

# Tafeln wie die Ritter

**Bei einem Ritterfest wurde alles aufgetischt, was Küche und Keller zu bieten hatten. Tischplatten – die so genannten Tafeln – wurden schon in der Küche mit Speisen beladen. Diener trugen die gedeckten Tafeln in den Rittersaal.**

*Nach dem Essen wurden die Tafeln wieder hinausgebracht. So entstand der Ausdruck: die Tafel aufheben. Das bedeutet: Das Essen ist beendet.*

Bei einem Ritterfest bogen sich die Tafeln unter den aufgetischten Speisen. Da gab es große Platten mit Wildschweinbraten, Hasen, Fische und Geflügel. Dampfende Schüsseln und Terrinen waren gefüllt mit Suppen, Soßen und Gemüse.

Alle aßen direkt aus den Schüsseln oder nahmen sich von den Platten. Fleisch wurde mit dem Messer aufgespießt oder mit den Fingern in den Mund geschoben.

Das scharfe Essen machte die Leute sehr durstig. Am liebsten löschten die Ritter ihren Durst mit Wein oder Bier. Es gab aber auch kühles Wasser aus dem Brunnen.

Beim Essen wurde auch immer viel Brot verzehrt. Damals wurde meist dunkles Brot aus Roggenmehl gebacken.

## Tischsitten

**Bei Tisch ging es nicht immer sehr fein zu. Teller und Besteck gab es selten. Häufig wurde mit den Händen gegessen. Alle langten in die gleiche Schüssel. Löffel und auch Becher gingen meist reihum. Deshalb war es besonders wichtig, dass Mund und Hände sauber waren.**

### Benimm-Regeln bei Tisch

Wer ungewaschen zum Essen erscheint, ist ein Schwein.

Ein angebissenes Stück Fleisch oder einen abgenagten Knochen zurück in die Schüssel zu werfen ist ungezogen.

Mit einem angebissenen Stück Brot wieder in die Schüssel zu fahren, das macht nur ein Tölpel.

Salz, Senf oder andere Gewürze nimm nicht mit den Fingern und reiche sie auch nicht so weiter.

In die Hand zu schnupfen oder ins Tischtuch zu schnäuzen, das ist nicht fein.

Nur ein Schmutzfink schmiert sich den Rotz mit der Hand ab.

Vor dem Trinken ist der Mund abzuwischen.

Trinke nicht mit vollem Mund und blase nicht in den Becher.

Sitze aufrecht. Kein wohlerzogener Mensch stützt seine Ellbogen auf die Tafel. Er soll sich auch nicht zu weit zurücklehnen.

Schmatzen und Rülpsen sind verboten.

# Speisen für alle Tage

**Fleisch gab es meist nur an Festtagen und zu besonderen Gelegenheiten. An normalen Tagen lebten die Ritter und ihre Familien eher vegetarisch. Da gab es viele Brot-, Brei-, Milch- und Eiergerichte.**

***Das wird gebraucht:***
***2 Eier***
***1/4 Liter Milch***
***1 Prise Salz***
***Butterschmalz***
***12 Scheiben Baguette***
***Zucker und Zimt***

*Aus trockenen Brotresten kann man gut »Arme Ritter« backen. Heute nimmt man dazu eher Weißbrot.*

## Arme Ritter

Eier, Milch und Salz verquirlen. Fett in der Pfanne erhitzen.
Die Brotscheiben nacheinander in die Eiermilch tunken und sofort in die Pfanne geben.
Sobald sie goldbraun gebacken sind, wenden und weiterbacken.
Mit Zucker und Zimt bestreuen.

***Das wird gebraucht:***
***1 Liter Milch***
***3 Esslöffel Honig***
***120 Gramm Grieß***

## Grießbrei für Ritterkinder

Die Milch langsam zum Kochen bringen. Die Temperatur verringern. Den Honig einrühren. Den Grieß hineinstreuen. Bei geringer Hitze und geschlossenem Deckel ausquellen lassen. Dabei immer wieder umrühren. Zum Schluss noch eine Prise Salz und ein paar Butterflöckchen einrühren. Nach etwa 10 bis 12 Minuten ist der Grießbrei fertig.

## Kein frisches Obst

Äpfel, Birnen, Pflaumen und Aprikosen waren schon im Mittelalter sehr beliebt. Allerdings dachten die Menschen damals, dass frisches Obst ungesund sei. Deshalb verarbeiteten sie es zu Dörrobst. Das war auch besser aufzubewahren.

Dörrobst kannst du auch heute noch kaufen oder selbst zubereiten.

## Getrocknetes Obst

Entferne das Kerngehäuse der Äpfel. Schneide sie dann in dicke Scheiben. Fädle diese auf eine Schnur und lass sie in der Sonne oder bei geringer Hitze im Backofen langsam trocknen. Wenn sich die Scheiben wie Gummi anfühlen, sind sie fertig.

***Das wird gebraucht:***
*Äpfel*
*Schnur*

**Schon gewusst?**
Kartoffeln gab es zur Ritterzeit noch nicht in Europa. Getreide, Hülsenfrüchte und Rüben waren die wichtigsten Nahrungsmittel zur Ritterzeit.

# König Artus' Tafelrunde

**Die besten Ritter Britanniens und ganz Europas waren bei König Artus' Tafelrunde auf Burg Camelot versammelt. An dieser riesigen Tafel fanden einhundertvierundvierzig Ritter Platz.**

## Ein königliches Hochzeitsgeschenk

Ein König brauchte natürlich auch eine Königin. Und so heiratete König Artus von Britannien die schöne Ginevra. Zur Hochzeit bekam Artus von seinem Schwiegervater einen riesigen, runden Eichentisch geschenkt. Artus war darüber verwundert: »Dem König gebührt ein Platz am Kopfende des Tisches, einen solchen gibt es bei einem runden Tisch nicht!« Ginevra aber meinte: »Artus, an diesem Tisch solltest du mit den besten Rittern deines Landes sitzen und alle sollten gleichberechtigt sein.« Artus gefiel diese Idee. Und er lud die edelsten Ritter zum großen Fest auf seine Burg Camelot. Aus allen Gegenden kamen sie und König Artus wies ihnen ihre Plätze zu.

***Gleichheit für alle:***
*An einem runden Tisch sind alle gleichberechtigt.*

## Der Schwur der Ritter

Die Ritter der Tafelrunde schworen alle den gleichen Eid. Dazu legten sie ihre rechte Hand auf die Bibel und versprachen:

- immer dem König zu dienen
- Frauen jederzeit zu beschützen
- Gerechtigkeit zu üben
- nie für eine schlechte Sache zu kämpfen

Dieser Schwur war die Grundlage für ritterliches Verhalten.

## Der Gral

Der Heilige Gral soll der Kelch gewesen sein, aus dem Jesus mit seinen Aposteln beim letzten Abendmahl getrunken hat.

Artus war von der Geschichte des Heiligen Grals fasziniert. Er sah es als seine Aufgabe, diesen zu finden. Einige Ritter der Tafelrunde kamen dem Wunsch ihres Königs nach und machten sich auf die Suche nach dem Kelch.

Viele Jahre später kam Lancelot als einer der letzten zurück. Auch er hatte den Gral nicht gefunden. Einzig Ritter Bors war es vergönnt, einmal einen Blick auf den Kelch zu werfen. Erst als ganz alter Mann kam er nach Camelot zurück. Und so blieb der Heilige Gral für immer ein Geheimnis.

*Die Suche nach dem Heiligen Gral war die größte Herausforderung und wichtigste Aufgabe für einen Ritter.*

# Die bekanntesten Ritter der Tafelrunde

**Zu den Rittern der Tafelrunde gehörten die besten Männer Britanniens. Sie waren berühmt für ihre Tapferheit, ihre Großzügigkeit und ihr tadelloses Verhalten. So wurden sie zum Vorbild für das gesamte Rittertum.**

## Lancelot

Der größte und furchtloseste Ritter der Tafelrunde und Liebling der Königin.

## Kay

Der Ziehbruder von König Artus und sein ältester Freund.

## Tristan

Der es im Kampf sogar mit Lancelot aufnahm und unglücklich verliebt war in Isolde.

## Berdivere

Einer der ersten Ritter der Tafelrunde, auf Camelot verantwortlich für Feste und Turniere.

## Parzifal

Ein starker Ritter, fromm und demütig wie ein Heiliger. Er beteiligte sich an der Suche nach dem Heiligen Gral.

## Gawain, Gaheris und Gereth

Die drei Brüder waren Neffen von König Artus.

## Galahad

Der Sohn von Lancelot, sehr fromm und rechtschaffen.

## Bors

Der einzige Ritter, der den Gral mit eigenen Augen gesehen hatte.

## Mordred

Der Dunkle Ritter, der Lüge und Verrat in die Tafelrunde brachte und Artus nach dem Leben trachtete.

# Die Winde des Herrn Prunzelschütz

Text: Fritz Grasshoff
Melodie: Jürgen Schöntges

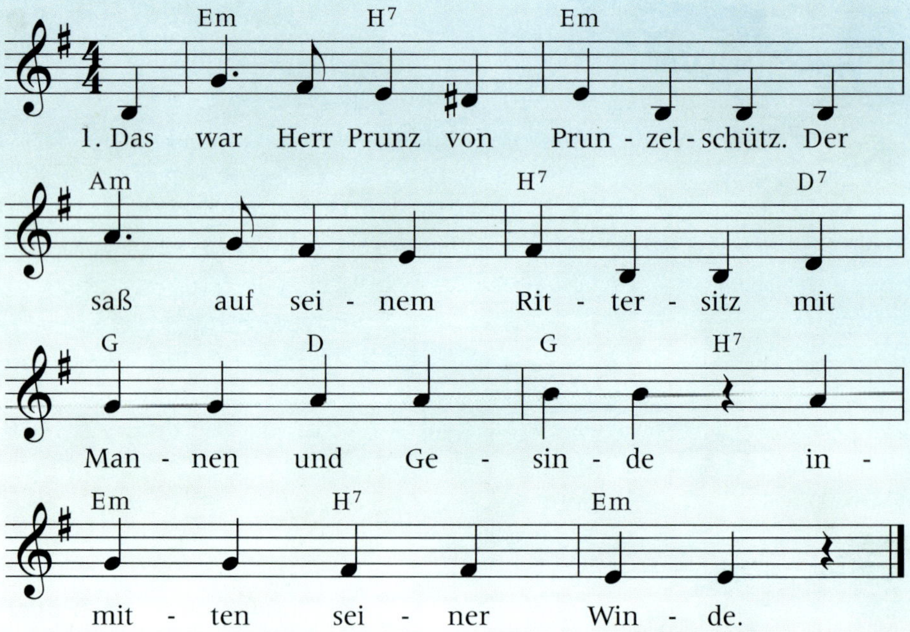

2. Die strichen, wo er ging und stand,
vom Hosenleder übers Land
und tönten wie Gewitter.
So konnte es der Ritter.

3. Zu Augsburg einst, auf dem Turnier,
bestieg er umgekehrt sein Tier,
den Kopf zum Pferdeschwanze,
und stürmte ohne Lanze.

4. Doch kurz vor dem Zusammenprall –
ein Donnerschlag – ein dumpfer Fall –
Herr Prunz mit einem Furze
den Gegner bracht zum Sturze.

5. Da brach der Jubel von der Schanz.
Herr Prunzelschütz erhielt den Kranz.
Der Kaiser grüßte lachend
und rief: Epoche machend!

6. Ein Jahr darauf, Herr Prunzelschütz
saß froh auf seinem Rittersitz
mit Mannen und Gesinde
inmitten seiner Winde.

7. Da kam ein Bote, kreidebleich,
und meldete: Der Feind im Reich!
Das Heer läuft um sein Leben.
Wir müssen uns ergeben.

8. Flugs ritt Herr Prunzelschütz heran,
lupft seinen Harnisch hinten an
und lässt aus der Retorte
der Winde schlimmste Sorte.

9. Das dröhnte, donnerte und pfiff,
sodass der Feind die Flucht ergriff.
Da schrie das Volk und wollte,
dass er regieren sollte.

10. Herr Prunz indessen, todesmatt,
sprach: Gott, der uns geholfen hat,
der möge mich bewahren.
Dann ließ er einen fahren.

11. Der letzte war's, der schwach entfloh,
Drauf schloss für immer den Popo
Herr Prunz, der frumbe Ritter,
und alle fanden's bitter.

12. Er ward begraben und verdarb.
Die Burg zerfiel. Doch wo er starb,
steht heute eine Linde.
Da raunen noch die Winde.

# Ritterfest auf Rabenhorst

# Ritterfest auf Rabenhorst

**Stolze Ritter und edle Damen kommt alle zum großen Ritterfest auf die Ruine Rabenhorst. Die Tapfersten und Mutigsten des Landes werden beim Ritterturnier ihre Kräfte und ihr Köpfchen miteinander messen. Und anschließend gibt es einen ritterlichen Schmaus mit Spiel und Tanz.**

***Das wird gebraucht:***
***Farben, Stifte, Schere***
***für jede Einladung:***
***1 Bogen graues Tonpapier A4***

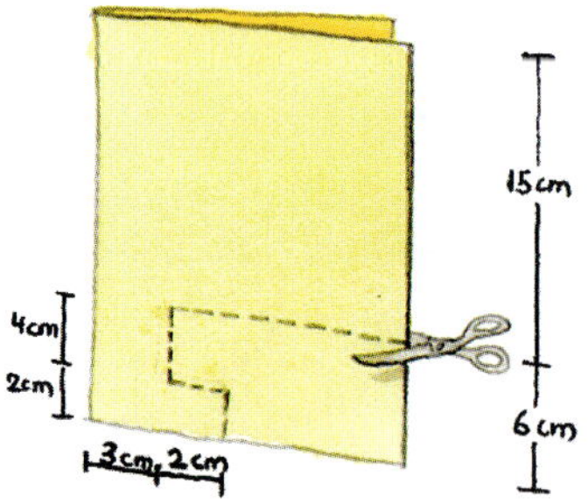


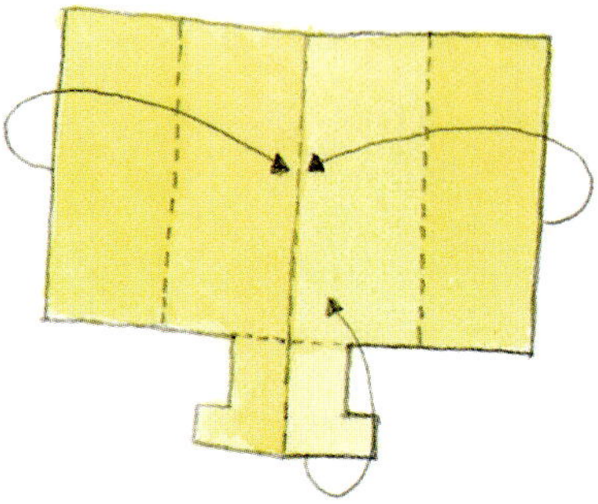

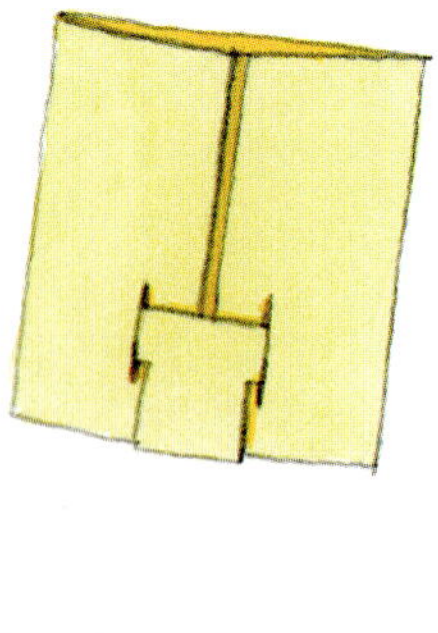

## Einladung zum Ritterfest

Falte das Papier wie auf der Zeichnung und schneide es an der gestrichelten Linie aus.

Klappe das Papier auseinander und falte die äußeren Kanten zur Mitte.

Der untere Teil wird als Hängebrücke nach oben geklappt.

Schneide Schlitze in den oberen Papierbogen und schiebe die Enden der Hängebrücke hinein.

Zeichne Türme oder Zinnen auf und schneide die Umrisse aus.

Male Fenster, Tor und Wappen auf und vergiss nicht die Rückseite der Hängebrücke zu bemalen.

Klappe deine Einladungsburg wieder auf und schreibe deinen Einladungstext hinein:

*Einladung*

*Der edle Ritter Leon von der Ruine Rabenhorst*
*gibt sich die Ehre den edlen Ritter (die edle Dame)*

______________________________________

*zum Ritterfest zu laden*

*am* ____________ *um* ____________ *Uhr*

*Sei ritterlich gegrüßt von Ritter Leon*

# Ritterturnier auf Rabenhorst

**Beim Ritterturnier auf Rabenhorst nehmen edle Ritter und edle Damen gleichberechtigt teil. Neben Kraft sind auch Köpfchen, Geschick und Schnelligkeit gefragt – und natürlich Teamgeist.**

## Lanzenstechen

*Das wird gebraucht:*
*2 Lanzen (Besenstiele)*
*2 Pferde (Erwachsene)*
*mehrere Gummiringe*
*1 Herold mit Stoppuhr*

Ein Knappe hängt in einem Baum oder Strauch zwei Gummiringe auf. Die Pferde stehen hinter einer Startlinie bereit. Nach dem Startzeichen steigen zwei Ritter »huckepack« auf ihre Pferde, lassen sich ihre Lanzen reichen, reiten auf die Ringe zu und versuchen sie mit der Lanze abzunehmen. Mit dem Ring auf der Lanze reiten die Ritter zurück zum Start.
Wer schafft das Lanzenstechen am schnellsten?

## Wettrennen in Rüstung

Die Ritter setzen ihre Helme auf und ziehen ihre Ritterausrüstung an. Immer zwei Ritter treten gegeneinander an und laufen eine festgelegte Strecke. Dort wartet bereits der Ritterkollege. Nach dem Abschlag läuft er die Strecke zurück.
Welche Mannschaft schafft das in der kürzesten Zeit?

## Ritterliches Tauziehen

Bildet zwei Mannschaften. Markiert eine Linie auf dem Boden. Jede Mannschaft stellt sich auf einer Seite auf und umklammert fest ihr Teil des Taus.
Welche Mannschaft schafft es, die andere über die Linie zu ziehen?

## Beutelsprengen

Der mit Wasser gefüllte Beutel oder Ballon wird mit einem Stück Schnur an einem Baum aufgehängt. Mit dem Schwert in der Hand rennt der Ritter auf den Beutel zu, um ihn aufzustechen. Jeder hat drei Versuche. Dann ist der nächste Ritter dran.
Wer schafft das Beutelsprengen, ohne nass zu werden?

***Das wird gebraucht:***
***Luftballon oder Plastikbeutel, mit Wasser gefüllt***
***Stück Schnur***
***Holzschwert (oder Stock)***

## Ringe werfen

Die Plastikflaschen zur Hälfte mit Sand füllen und aufstellen.
Wer trifft mit seinem Ring eine Flasche?

***Das wird gebraucht:***
***kleine Plastikflaschen***
***Sand***
***Wurfringe***

## Tief das Schwert

Wer stößt das Schwert am tiefsten in den Sand?

***Das wird gebraucht:***
***Sandhaufen***
***1 Holzschwert***

## Sturm auf die Burg

Aus den Schachteln oder Dosen eine Burg aufbauen. Ein Ritter stellt sich als Wächter vor die Burg, die anderen greifen sie mit ihren Bällen an. Der Wächter versucht die Geschosse abzuwehren.
Wer die Burg als Erster trifft, wird der nächste Wächter.

***Das wird gebraucht:***
***Pappschachteln oder***
***Konservendosen***
***Softbälle***

## Pferderennen

Aus Pappe Pferdeköpfe ausschneiden, vorne an den Besenstielen aufkleben. Mit den Steckenpferden reiten die Ritter ein Wettrennen. Dabei müssen die Pferde zwischen den Beinen bleiben. Auf dem Parcours können auch Hindernisse aufgebaut oder Felder markiert werden, die übersprungen werden müssen.
Wer ist der schnellste Reiter?

***Das wird gebraucht:***
***Besenstiele***
***Pappe***
***Schere***
***Klebeband***

## Standhafte Ritter

Zwei Ritter verschränken die Arme vor der Brust und stellen sich auf ein Bein. Dann beginnen sie sich zu schubsen.

Wer als Erster mit dem zweiten Bein den Boden berührt oder gar umfällt, hat verloren.

## Der Schwarze Ritter greift an

Ein Schwarzer Ritter und ein Edler Ritter werden ausgewählt, die anderen Kinder sind Burgbewohner. Die Burgbewohner halten sich an der Hand und bilden so eine Kette. Der Schwarze Ritter greift sie an und versucht einen zu schnappen. Der Edle Ritter stellt sich ihm in den Weg. Die Burgbewohner versuchen immer im Schutz des Edlen Ritters zu bleiben. Dabei dürfen sie sich aber nicht loslassen, sonst sind sie verloren.

Kann der Schwarze Ritter einen Burgbewohner schnappen, so scheidet dieser aus.

# Turnier-Urkunden

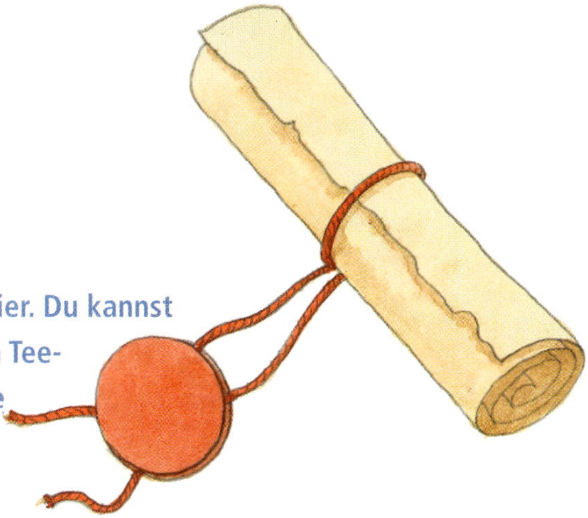

**Im Mittelalter gab es noch kein weißes Papier. Du kannst normales Schreibpapier mit einem feuchten Teebeutel einfärben. So sieht das Papier für die Urkunden schön alt und vergilbt aus.**

Bereite die Urkunden vor dem Fest vor. Vergiss nicht neben deiner Unterschrift dein Familienwappen aufzudrucken.
Rolle die fertige Urkunde zusammen. Verschnüre sie mit einem Band.
Schneide aus rotem Karton kleine Kreise aus. Das sind deine Siegel, mit denen du die Band-Enden zusammenkleben kannst.
Schreibe auf jedes Siegel den Namen des entsprechenden Teilnehmers.

## Urkunde

Der edle Ritter/die edle Dame ____________________
hat erfolgreich am Turnier auf der Ruine Rabenhorst teilgenommen.
Dieses Dokument bezeugt seinen/ihren außerordentlichen Mut und seine/ihre herausragende Tapferkeit.

Anno Domini 2005

# Ritterliche Modenschau

**Was zieht Ritter Randolf oder Prinzessin Annabell heute an? Du kannst ihnen helfen. Trenne die beiden Seiten aus dem Buch heraus oder mache eine Farbkopie. Klebe sie auf dünne Pappe auf. Schneide den Ritter, die Prinzessin und die Kleidungsstücke aus. Ziehe die Anziehpuppen so an, wie es dir gefällt. Du kannst auch selbst Kleidungsstücke entwerfen.**

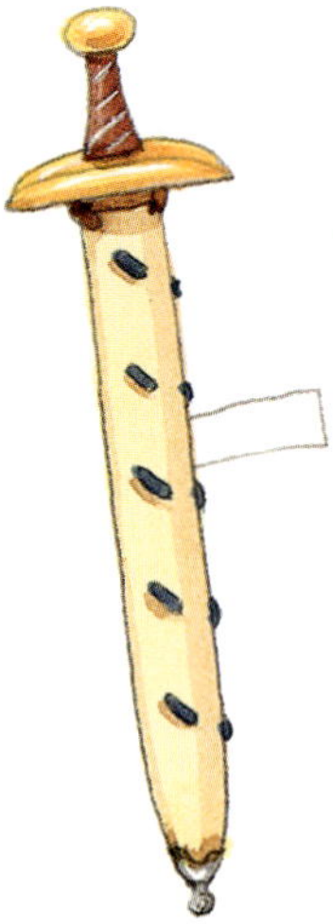

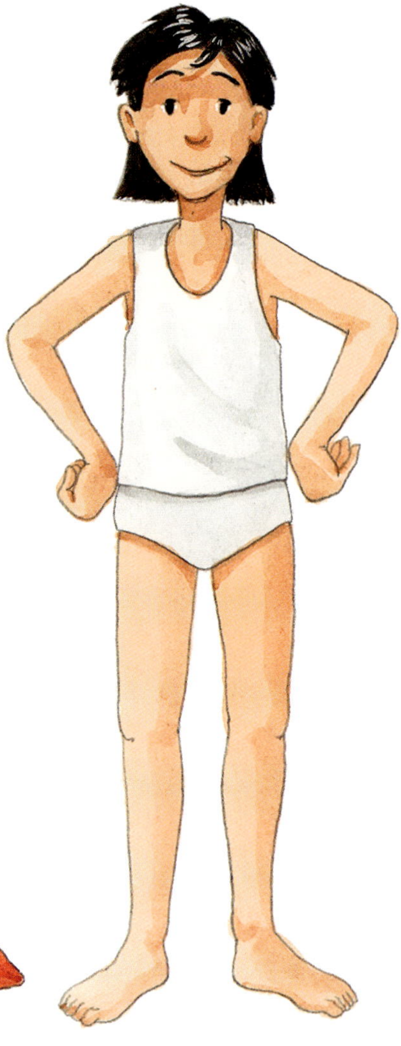

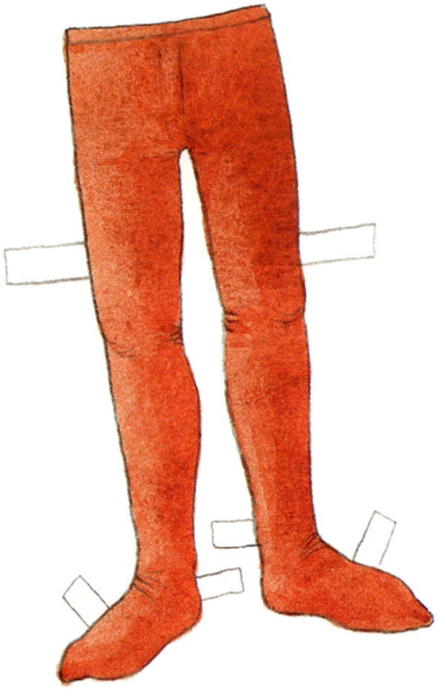

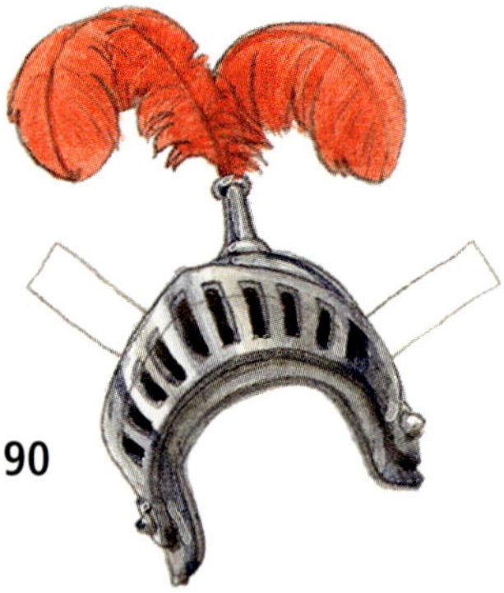

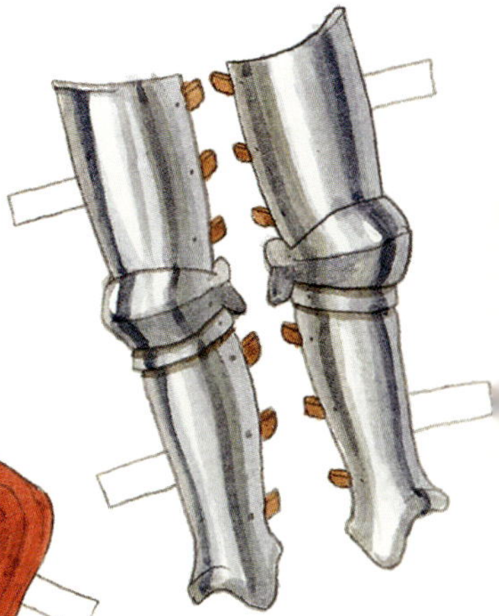

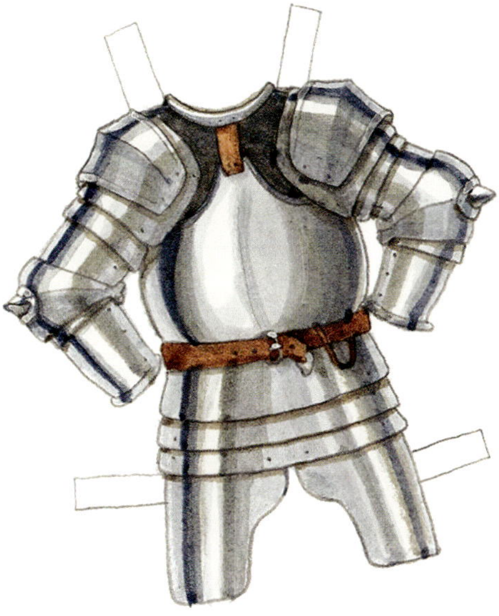

# Ritter – ABC

**Angriffsturm** rollbarer Turm aus Holz

**Armbrust** Waffe, mit der Pfeile, Steine oder Kugeln abgeschossen werden

**Arme Ritter** Süßspeise aus altem Brot und Eiern

**Banner** Fahne mit dem Wappen des Ritters darauf

**Bogenschütze** jemand, der mit Pfeil und Bogen schießt

**Buhurt** Massenkampf beim Turnier

**Burghof** Innenhof einer Burg, innerhalb der Burgmauern

**Camelot** die sagenhafte Burg von König Artus von Britannien

**Druide** Priester der Kelten, der Ureinwohner Britanniens

**Excalibur** das sagenhafte Schwert von König Artus, das ihn unbesiegbar machte

**Fallgitter** hochziehbares Gitter mit unten zugespitzten Stäben, versperrt den Zugang zur Burg

**Falltür** geheime Klapptür im Boden, durch die man beim Betreten hindurchfällt

**Harnisch** Ritterrüstung

**Herold** Schiedsrichter beim Ritterturnier

**Katapult** Wurfgeschoss, mit dem große Steine weit geschleudert werden können

**Kemenate** Schlafzimmer in der Ritterburg

**Kettenhemd** Schutz des Oberkörpers aus ineinander verflochtenen Eisenringen

**Knappe** zweiter Teil der Ritterausbildung, der Ritterlehrling lernt von einem Ritter, was er später können muss

**König Uther** König von Britannien, wahrscheinlich der Vater von König Artus

**Lanze** lange Stoßwaffe aus Holz

**Merlin** Zauberer und Druide

**Page** erster Teil der Ritterausbildung, der Ritterlehrling diente in dieser Zeit der Burgherrin

**Palas** Hauptgebäude der Ritterburg

**Pechnase** kleiner Vorbau an der Mauer oder am Tor, der unten offen ist, daraus kann heißes Öl oder Pech auf die Angreifer gegossen werden

**Rammbock** schweres Gerät, mit dem eine Mauer aufgebrochen oder eingerammt werden kann

**Ritter Ector** der Pflegevater von König Artus – Ritter der Tafelrunde

**Ritterschlag** am Ende seiner Ausbildung wird der Ritterlehrling in die Gemeinschaft der Ritter aufgenommen

**Ritterzeit** Ritter gab es im Mittelalter, also von ungefähr vom Jahr 500 bis zum Jahr 1500

**Schießscharte** schmale Schlitze im Mauerwerk, von denen auf Feinde geschossen wurde

**Schild** tragbarer Schutz des Körpers

**Schwarze Ritter** unehrenhafte Ritter, die die ritterlichen Gebote nicht einhielten

**Streitkolben** an der Spitze mit Eisen beschlagener Kolben als Kampfwaffe

**Tjost** Zweikampf zu Pferd

**Turnier** Wettkämpfe und Reiterspiele

**Visier** aufklappbarer Teil des Helms, der mit Sehschlitzen versehen ist

**Wassergraben** Hindernis, zusätzlicher Schutz der Burg außerhalb der Ringmauer

**Wappen** Erkennungszeichen eines Ritters oder seiner Familie

**Wehrgang** schmaler Gang oben an der Innenseite der Ringmauer, zur Verteidigung der Burg

**Wehrturm** Schutzturm innerhalb der Burgmauer

**Wendeltreppe** gewundene Treppe

**Zinnen** zahnartig emporragende Teile der Mauerkrone, dienten der Verteidigung und zur Deckung

**Zugbrücke** Brücke, die hochgeklappt werden kann

# Register

### Spielen



### Basteln und Experimentieren



### Kochen

# Quellenverzeichnis

## Geschichten

Marliese Arold, Eine Rüstung voller Überraschungen. Aus: Arold, Leselöwen-Ritterburggeschichten. © 2001 by Loewe Verlag, Bindlach

Cornelia Funke, Der namenlose Ritter. Aus: Funke, Leselöwen-Rittergeschichten Mini. © 2000 by Loewe Verlag, Bindlach

## Lieder

Fritz Grasshoff (Text), Jürgen Schöntges/Alfons Moritz (Melodie), Die Winde des Herrn Prunzelschütz.© Autoren.

Bernd Kohlhepp (Text), Jürgen Treyz (Melodie), Wenn die Ritter schlafen gehen/ Die Prinzessin will lieber Ritter sein/Lied der Raubritter. © Autoren.

Fredrik Vahle (Text/Melodie), Ritter Klipp von Klappersbach. © Aktive Musik Verlagsgesellschaft mbH, Postfach 100102, 44001 Dortmund

*Für Leon Löwenherz*
*D. B.*

*Für Rike und Robin*
*S. N.*

Bibliografische Information der Deutschen Bibliothek

Die Deutsche Bibliothek verzeichnet diese Publikation
in der Deutschen Nationalbibliografie;
detaillierte bibliografische Daten sind im Internet über
http://dnb.ddb.de abrufbar.


Umschlaggestaltung: Heike Ossenkop, pinxit, Basel
unter Verwendung einer Illustration von Silvio Neuendorf
Druck und Bindung: Druckerei Theiss, A-St. Stefan im Lavanttal
ISBN 3-491-38075-8
www.patmos.de